华章经典·金融投资

巴菲特的投资组合

THE WARREN BUFFETT
PORTFOLIO

Mastering the Power of the Focus Investment Strategy

|典藏版|

[美] 罗伯特·哈格斯特朗 著　杨天南 译
ROBERT G. HAGSTROM

图书在版编目（CIP）数据

巴菲特的投资组合（典藏版）/（美）罗伯特·哈格斯特朗（Robert G. Hagstrom）著；杨天南译. —北京：机械工业出版社，2020.9（2025.6重印）

（华章经典·金融投资）

书名原文：The Warren Buffett Portfolio: Mastering the Power of the Focus Investment Strategy

ISBN 978-7-111-66445-1

I. 巴… II. ① 罗… ② 杨… III. 股票投资 - 基本知识 IV. F830.91

中国版本图书馆 CIP 数据核字（2020）第 225361 号

北京市版权局著作权合同登记　图字：01-2013-4445 号。

Robert G. Hagstrom. The Warren Buffett Portfolio: Mastering the Power of the Focus Investment Strategy.

ISBN-13 978-0-471-39264-4

Copyright © 1999 by Robert G. Hagstrom.

This translation published under license. Authorized translation from the English language edition, Published by John Wiley & Sons. Simplified Chinese translation copyright © 2020 by China Machine Press.

No part of this book may be reproduced or transmitted in any form or by any means, electronic or mechanical, including photocopying, recording or any information storage and retrieval system,without permission, in writing, from the publisher. Copies of this book sold without a Wiley sticker on the cover are unauthorized and illegal.

All rights reserved.

本书中文简体字版由 John Wiley & Sons 公司授权机械工业出版社在全球独家出版发行。

未经出版者书面许可，不得以任何方式抄袭、复制或节录本书的任何部分。

本书封底贴有 John Wiley & Sons 公司防伪标签，无标签者不得销售。

巴菲特的投资组合（典藏版）

出版发行：机械工业出版社（北京市西城区百万庄大街 22 号　邮政编码：100037）	
责任编辑：李　昭	责任校对：殷　虹
印　　刷：河北宝昌佳彩印刷有限公司	版　　次：2025 年 6 月第 1 版第 11 次印刷
开　　本：170mm×230mm　1/16	印　　张：15.25
书　　号：ISBN 978-7-111-66445-1	定　　价：59.00 元

客服电话：（010）88361066　68326294

版权所有·侵权必究
封底无防伪标均为盗版

| 译者序 |

今天学巴菲特还有用吗

2020年终于要过去了，初冬清冽的空气可以让人冷静下来思考问题。疫情对整个世界都产生了重大影响，不利之外，进步也是有的。例如，利用相对"空闲"的时间，我翻译了一本书——《巴菲特的投资组合》，这是我翻译的第六本投资书籍。在芒格推荐的书单中，与投资有关的书只有六本，其中就包括这本。能够再度翻译一本巴菲特主题的投资经典，对我而言，实在是与有荣焉。

作者罗伯特·哈格斯特朗同时也是著名的畅销书《巴菲特之道》的作者，我同样有幸翻译了该书的第3版，也正是该书的第1版在25年前改变了我的人生命运。**相去万里，跨越时空，震撼心灵，改变命运，这便是文字经典的力量。**

在《巴菲特之道》一书记录巴菲特的成长轨迹以及教人选择普通股的基础上，作为姊妹篇的《巴菲特的投资组合》教人如何将这些股票组合起来，并为管理投资组合提供了知识框架，它将集中投资列为指数型投资和主动管理型投资之外的第三种方法，讲解了集中投资的概念及其学术背景和统计因素，以及数学、心理学、复杂适应性系统，还有与此相关的各类牛人的故事。

毫无疑问，这本书为广大巴菲特迷们提供了更多一窥究竟的精神食粮，但想通过一本书或几本书就成为像巴菲特一样的伟大投资家，虽不说势比登天，但也绝非易事。书中的精彩，留待大家亲自去探求，倒是近日遇见有人问："巴菲特的方法如今尽人皆知，学巴菲特还有用吗？"这的确是一个值得探讨的深刻话题。

毕竟，过去十年，巴菲特的伯克希尔－哈撒韦没有跑赢标准普尔500指数，从2010年11月到2020年11月，前者上涨了187%，后者上涨了204%。对此，不少业内人士也心存疑惑：巴菲特是不是过时了？

以我从业近三十年的经历而言，大约每隔一段时间就会有类似的质疑出现。我亲眼见过历史上巴菲特股票大跌腰斩的情况，也听说过有人准备向他扔鸡蛋或西红柿的传闻。对此，我在2020年做的另一件事可以提供一些参考，就是我将《一个投资家的20年》一书更新到了第3版。

2006年回国之后，为了验证巴菲特理念在中国是否有效，我做了很多尝试，其中就包括每月在杂志上撰写财经专栏，从2007年4月至2020年10月，已经长达十三年半，上面的投资组合从当初的100万涨到1300万，同期伯克希尔－哈撒韦的股价从109 500美元涨到302 500美元，上涨了176%，同期标准普尔500指数从1484点涨到3270点，上涨了120%，而中国股市大盘是下跌的。这些都被收录在新版《一个投资家的20年》中。

上述业绩看似耀眼，可如果只是截取近两三年的表现，也是差强人意的。不过我常常收到大量读者和学生的来信，他们表示在读了我的文章和我翻译的有关巴菲特的作品后，无论是财务还是人生境界都迈上了新台阶。细读之下，其中很多人的投资回报都比我好很多。

对于普通人"学巴菲特有什么用"的问题，我在北京理工大学MBA投资学课堂上对同学们说，今天我们学习投资学、学习巴菲特，成为巴菲特或成为伟大投资家的可能性不大，就像学习经济、历史未必能成为经济学家、历史学家一样，但今天学习打下的基础知识框架，在将来的道路上可以让人少走弯路。

近日，一位读者不远千里来看我，讲到几年前他父母受到高息P2P的诱惑将全部家当投入其中、几欲了结生命的往事，他慨叹："如果能早点听到杨老师的课，早点知道伟大如巴菲特投资回报也不过年化20%，就不会受30%高息的诱惑了。"

2020年，特斯拉大涨500%，巴菲特没抓住；蔚来大涨20倍，巴菲特没抓住；比特币大涨，巴菲特没抓住……很多大涨的股票，巴菲特都没有抓住，但他依然以800亿美元身家屹立在福布斯排行榜上，九十岁还能跳着踢踏舞上班，每年为股东创造数百亿美元的价值，与自己喜欢的、也喜欢自己的人在一起，这一切足以值得我们学习了。

回到"学巴菲特还有用吗"这个话题，2020年有一两千个读者与我一起学习巴菲特致股东的信，并且打算十年读十遍。在成功学、速成班盛行的环境中，秉承"学习可以学习的"原则，静心慢学，重走巴菲特当年的成长道路，大家已经用行动给出了答案。

我是受到巴菲特影响的众多普通人之一，我的读者们也都认为他们受到了巴菲特的影响。以我所见，在伟大的投资家中，像巴菲特一样荫庇众生、得到这么多人发自内心的热爱的，有史以来，无出其右。

村上春树说："我吹过你吹过的风，这算不算相拥；我踏过你走过的路，这算不算相逢。"同样，**我读过你读过的书，我想过你想过的事，这算不算一脉相承**。阅读这本《巴菲特的投资组合》，做好自己的人生组合，也算是一种相拥、相逢、一脉相承吧。

杨天南

2020 年 12 月 1 日

| 前 言 |

我写《巴菲特之道》⊖一书，目的是想勾勒出沃伦·巴菲特所运用的挑选股票的方法或准则，以便读者最终能够像巴菲特一样深入分析股票、投资股票。

《巴菲特之道》一书引人注目的成功证明了我们的工作是富有成效的。该书印刷超过60万册，被翻译为12种语言，我相信该书经受住了专业投资者和个人投资者、学术界人士及企业家们的充分检验。时至今日，来自读者和媒体的反馈依旧相当积极与热烈。看来，该书的确真正起到了帮助人们进行更为聪明的投资的作用。

正如我在很多场合所说的那样，《巴菲特之道》的成功首先是沃伦·巴菲特的成功。巴菲特的聪明才智与诚实正直，照亮了全世界数百万人，他的博学多识和惊人的投资纪录，多年以来令投资界着迷，也包括我。这种无可比拟的德才兼备的叠

⊖ 本书已由机械工业出版社出版。

加，使得巴菲特在今日的投资界成为独一无二、最受欢迎的榜样。

这本《巴菲特的投资组合》是《巴菲特之道》一书的姊妹篇，但并非续集。在最初的工作中，我不知不觉地涉及两个重要的领域——结构和认知。简而言之，就是投资组合管理和理智坚韧。

与以前相比，我现在更加深刻地认识到，获得超越平均的投资回报不仅仅是你如何挑选股票的问题，更是你如何构建投资组合的问题。要想成功地把握一个集中的投资组合，你需要对价格的波动以及它对个人行为的影响具有更高水平的认知，你需要具有独特的个人秉性。所有这些想法都汇聚在这本《巴菲特的投资组合》里。

《巴菲特之道》和《巴菲特的投资组合》这两本书可以说是相互补充、相得益彰。前者教会你如何聪明地挑选股票，后者教会你如何将这些股票构建成一个集中投资组合，提供一个组合管理的知识框架。

自从撰写了《巴菲特之道》以来，我所有的投资都是按照书中描述的投资准则进行的。的确，我所管理的共同基金美盛集中信托（Lagg Mason Focus Trust）的表现就是书中推荐方法的实证案例。截至今日，我可以很高兴地向大家报告，结果是令人鼓舞的。

在过去的4年中，除了获得管理一只集中投资组合的经验之外，我还有机会学习了一些更有价值的课程。巴菲特认为掌握基本的数学和概率知识非常重要，他认为投资者还应该懂得市场心理学，他警告我们不要盲目依赖市场预测。然而，他在这些方面的指导有限。关于他如何选择股票的分析已经有很多资料，但相比之下，巴菲特关于概率论、心理学以及预测等方面的论述相对较少。

这并不表示这些方面的知识不重要，这只是意味着我必须依靠自己的努力以及他人的智慧来填补这些空白。在追求这一目标的过程中，爱德华·索普博士使我懂得概率论，查理·芒格教我懂得误判心理学，比尔·米勒让我懂得复杂适应性系统科学。

现在简单讲一下本书的结构。本书大体上分为两大部分再加上一章介绍和一章结论。简而言之，第1章对集中投资的概念及其要素进行了介绍。第2章到第5章是第一部分，综合呈现了集中投资的学术基础和统计原理，并探讨了从众所周知的集中投资经验中吸取的教训。

我们不但对支持集中投资的知识框架感兴趣，而且对一般的集中投资组合的表现也非常感兴趣。不幸的是，直到今天，集中投资的历史数据依然非常有限，以至于无法提炼出具有统计意义的结论。但有一项令人兴奋的研究具有改变这一切的潜力。

过去的两年，琼·兰姆-坦南特（Joan Lamm-Tennant）博士和我进行了一项有关集中投资理论与过程的研究。在这项研究中，我们对3000种集中投资风格的投资组合在不同时期的表现进行了深入的观察，然后将这些组合的表现与如今流行的、多元化投资风格的共同基金和机构投资账户进行比较。我们将比较的结果整理成正式的学术专著，题为《集中投资：一种替代主动或被动管理的最佳投资组合策略》，此项研究成果在第4章以非学术化的语言予以概括呈现。

第6章到第8章是本书的第二部分，我们将注意力转向其他领域：数学、心理学、新兴复杂性科学。在这里，你将会发现我从爱德华·索普、查理·芒格、比尔·米勒那里学到的新东西。一些人或许会奇怪，很明显，我们闯入了毫不相干的新领域，但是我相信，没有对这些其他学科的理解，任何关于集中投资的尝试都将会举步维艰。

最后，第9章对集中投资这一投资风格的特点进行了总结，从这里起步，你可以运用清晰的指引开始自己的集中投资旅程了。

罗伯特·G.哈格斯特朗
宾夕法尼亚州，韦恩县
1999年2月

目 录

译者序　今天学巴菲特还有用吗
前　言

第1章　集中投资 / 1
投资管理的现状：二选一 / 3
一个新选择 / 6
集中投资：总体概述 / 6
格栅模型 / 15

第2章　现代金融的先驱 / 19
多元化的投资组合管理 / 22
风险的数学定义 / 25
有效市场理论 / 27
巴菲特和现代投资组合理论 / 29
巴菲特论风险 / 30
巴菲特论多元化 / 31
巴菲特论有效市场理论 / 32
新投资组合理论的发展 / 34

第 3 章　巴菲特部落的超级投资家 / 36

　　约翰·梅纳德·凯恩斯 / 40
　　巴菲特合伙公司 / 43
　　查理·芒格合伙公司 / 45
　　红杉基金 / 46
　　卢·辛普森 / 50
　　3000 个集中投资者 / 53
　　伯克希尔-哈撒韦 / 58
　　地平协会 / 63

第 4 章　一种衡量业绩更好的方法 / 64

　　共同基金的双重标准 / 66
　　乌龟与兔子 / 67
　　可替代的衡量表现的标准 / 72
　　透视盈余 / 75
　　巴菲特的量尺 / 76
　　像树懒一样行动的两个好理由 / 78
　　降低交易成本 / 79
　　税后收益 / 80

第 5 章　沃伦·巴菲特的投资策略 / 85

　　市场准则：如何给一家企业估值 / 86
　　财务准则：是否采纳经济附加值，这是一个问题 / 89
　　管理准则：我们能给管理层估值吗 / 92
　　成长与价值：一个由来已久的辩题 / 95
　　比尔·米勒和美盛价值信托基金 / 97
　　巴菲特之道与科技公司 / 103

重温证券分析 / 107

第 6 章　投资的数学 / 110

概率论 / 113

关于概率的主观解释 / 116

巴菲特风格的概率论 / 118

两个经典投资案例：富国银行和可口可乐 / 120

凯利优化模式 / 124

保险就像投资 / 128

一切都是概率 / 131

一种新的思维方式 / 133

概率论与股票市场 / 135

数字美学 / 137

第 7 章　投资心理学 / 139

本杰明·格雷厄姆 / 141

"市场先生"，遇见查理·芒格 / 143

行为金融学 / 145

风险承受力 / 151

集中投资心理学 / 156

第 8 章　市场是一个复杂适应性系统 / 158

古典理论 / 162

圣塔菲研究所 / 164

爱尔·法罗难题 / 167

三层分离法 / 172

在复杂的世界里投资 / 174

模式识别 / 179

第 9 章　创造佳绩的击球员在哪里 / 182
　　　　成为一个 .400 成绩的击球手 / 184
　　　　集中投资者的责任：公平警示标签 / 193
　　　　为什么华尔街对集中投资法视而不见 / 194
　　　　投资与投机 / 197
　　　　向最棒的人学习 / 200

附录 A / 202
附录 B / 213
注释 / 217
致谢 / 227

| 第 1 章 |

集中投资

罗伯特，我们仅仅集中在几家杰出的公司上，我们是集中投资者。

——沃伦·巴菲特

沃伦·巴菲特与我谈话的情景至今令我记忆犹新，就像发生在昨天一样。对我而言，这次谈话在两个方面具有非常重要的意义：第一，它完全改变了我的思维，让我转向了新的方向；第二，它命名了一种投资组合管理方法。我发自本能地认为这种管理方法不但是合理的，而且是被业内长期忽视的。这种方法我们现在称之为集中投资法，这种方法与大多数人想象中的、投资行家们采用的方法完全不同。

通常，好莱坞电影给我们展示的基金经理工作的场景往往是这样的：同时用两部电话通话，一边疯狂地做着记录，一边紧盯着数个不停上蹿下跳、闪动着数字的电脑屏幕，一旦其中一个显示股价稍有下挫，便猛击电脑键盘。

作为一个典型的集中投资者，沃伦·巴菲特与这样疯狂刻板的人物形象相去甚远。巴菲特被认为是世界上最伟大的投资家之一，通常被描述为"轻声细语""脚踏实地""慈祥可亲"。他的行为举止所表现出的平静带着与生俱来的自信，他的成就与业绩纪录可以说是一个传奇，他的一举一动都牵动着整个投资界的目光，这丝毫不令人意外。如果巴菲特将他的投资方法归结为"集中投资"，那么我们学习和了解这背后意味着什么，以及它是如何运作的，将会是聪明之举。

集中投资的想法非常简单，然而，就像大多数简单的想法一样，它建立在一系列相互关联的概念的基础上。如果我们将这个想法举起来对着阳光，仔细端详它的每一个侧面，会在明亮清晰的表面下，找到深度、实质和坚实的思考。

在本书中，我们将会逐一仔细审视那些相互关联的概念。现在，我想先介绍一下集中投资的核心概念。这一概述的目的是反映本书的目标：给你一个新的方法，用来思考投资决策和管理投资组合。特别提醒：这种新的方法或许与你之前对于股市投资的认知完全不同。它与通常的股票投资思路也相去甚远，就像沃伦·巴菲特实际上与好莱坞电影所塑造的股票投资者形象有巨大的反差一样。

集中投资的本质可以简单地陈述如下：

> 选择为数不多的、可以在长期提供超越平均回报的股票，将你的大部分资金集中投在这些股票上。无视股市短期的涨跌波动，坚毅忍耐，持股不动。

毫无疑问，这个总结性陈述在你的心中会立刻引起一些疑问：

- 我如何才能找到那些超越平均回报的股票？
- "为数不多"到底是多少？
- 你说的"集中"到底是什么意思？
- 我应该持有多久？

以及最后一个问题：

- 为什么我要这么做？

关于这些问题的详尽答案可以在随后的篇章中看到，我们在本章的任务是构建一个集中投资过程的综述，并且从一个敏感的问题开始：为什么你应该花费精力关注这件事？

投资管理的现状：二选一

就现状而言，投资管理行业出现了两种相互对抗的策略：主动管理型投资和指数型投资。两者呈现出拉锯战状态。

主动管理型的投资经理会不断地大量买进、卖出股票,他们的工作是取悦客户,这意味着他们必须持续地胜出市场。假如有一天客人随便使用一个衡量标准,问:"我的投资与股市大盘相比如何?"如果得到的答案是正面的,那么客人就会将钱继续留在基金里。为了保持领先的地位,主动管理型的投资经理往往试图预测未来半年的股市走向,并不停地调整投资组合的持仓,以便从其预测中获利。平均而言,今天普通股共同基金的持股品种超过100种,换手率达到80%。

与主动管理型投资相对的是指数型投资,这是一种买入并持有的被动投资方式。组合持有一系列多元分散的股票,被精心设计以模仿一个特定的指数,例如标准普尔500指数(S&P500)。

与主动管理型投资相比,指数型投资出现的时间较短,并不那么普遍。自20世纪80年代以来,指数型投资方式已经完全成为一种独当一面的投资策略。这两种方法的支持者相持不下,都希望看看谁能在最后取得较高的回报。

主动管理型基金经理们认为,凭借自己高超的选股技巧,他们可以战胜指数型投资策略。而指数派则坚持认为自己是对的,因为他们得到了近年来历史数据的支持。一项追踪跨度长达20年的研究表明,从1977年到1997年,能够战胜标准普尔500指数的权益类共同基金比例下降得十分显著,从早期的50%下降到最后4年的25%。自1997年以来,情况更为糟糕。截至1998年11月,90%的主动管理型基金没有跑赢市场(平均跑输标准普尔500指数14%),这意味着仅有10%的基金跑赢了指数。[1]

今天普遍流行的主动管理型投资方式,将来跑赢标准普尔

500 的机会不大，因为机构基金管理人每年都会疯狂地买进卖出数百只股票。在某种意义上，这些机构基金管理人自己就是市场本身。他们秉承的基本原理就是：今天就买入预计很快可以抛出获利的股票，不管它是什么股票。考虑到金融世界极其复杂的特点，这种逻辑的致命缺陷在于：准确预测是不可能的。（参见第 8 章对于复杂适应性系统的描述。）进一步动摇这个摇摆不定的理论基础的，是活跃的高频交易所带来的内在固有成本，这种成本降低了投资人的净回报。当我们对这些成本进行分解归因后，可以清楚地看到，主动管理型投资方式自己制造了自己的失败。

指数型投资由于没有产生同样的成本支出，在很多方面优于主动管理型投资。但是，即便是最好的、处于巅峰状态的指数基金，也仅仅只能产生与股市大盘相同的净回报。指数型投资者所获得的回报不会比大盘差，但也不会比大盘更好。

从投资者的观点出发，上述两种投资策略所隐含的吸引力是相同的：通过多元化降低风险。通过持有不同行业、不同市场板块的多种不同股票，投资者希望创造温暖舒适的安全垫，保护自己远离可怕的损失，以避免将所有的资金放在一个板块上，最终遭受灭顶之灾。在一般情况下，人们会这样想：在一个多元化基金中，有些股票会下跌，有些股票会上涨，让我们祈祷，后者的所得能够抵消前者的损失。主动管理型基金经理相信，当投资组合中不同股票的数量增加，获利机会将随之变大，持有 10 只股票比持有 1 只股票好，持有 100 只股票比持有 10 只股票好。

根据定义，指数基金是多元化的（如果它对应指数的构成也是多元化的，通常也的确如此）。传统股票型共同基金持续运作着超百种股票，也提供多元化投资。

我们听到"多元化"这个词太久了，以至于对它所带来的不可避免的后果已经变得麻木。这个不可避免的后果就是：业绩平庸。尽管主动管理型和指数型这两种投资策略都可以提供多元化，但通常而言，两者都不可能产生杰出的回报。如此一来，聪明的投资者必须问他们自己一些问题：对于这些平均回报，我是否满意？我能不能做得更好？

一个新选择

对于这场指数型投资和主动管理型投资之争，沃伦·巴菲特的看法如何呢？如果一定要在这两者之间做出选择，巴菲特会毫不犹豫地选择指数型投资。尤其是对那些风险承受力较低、对企业经济状况知之甚少、又想长期参与股票投资并从中获利的人而言，指数型投资是个较好的选择。巴菲特以其独特的语言风格说道："通过指数基金定投，一个一无所知的投资者实际上能够超越大多数专业投资者。"[2]

然而，巴菲特转而会迅速地指出，还有第三种方法存在，这种方法非常不同于主动管理型投资，又能大幅提高跑赢指数的概率。这种方法就是集中投资。

集中投资：总体概述

"发现杰出的公司"

多年以来，巴菲特形成了自己的一套方法，寻找物有所值的公司，将他的资金投在物有所值的对象上。他的选择建立在一个常识上：如果一家公司运营良好，并且拥有明智的管理层，那么，其内在价值终将反映在股价上。于是，巴菲特将他大部分的注意力用于分析股票背后的公司以及评估其管理层上，而不是追踪股价的波动。

这并不是说分析一家公司是件非常容易的事。对一家公司的信息了如指掌，以至于确定其价值，的确需要花费一番功夫，这并非易事。但巴菲特评价说，做这些"功课"所花费的精力要比试图成为抄底逃顶的市场高手节省不少，而且做这些"功课"所带来的结果更为有效。

巴菲特所采取的分析过程包括运用一系列投资准则或基本原理检验每一个机会。这些准则在《巴菲特之道》一书中有深入的解读，并在后面"少即是多"一节中有简要的介绍。这些投资准则就像是维修工人腰间系着的工具腰带，它们中的每一条都可以单独作为一个分析的工具，如同工具腰带上的每一件工具都各有所长一样。总的说来，它们为挑选高回报的最佳公司提供了一个路径。

沃伦·巴菲特的这些投资准则，如果运用得当，最终会使你靠近杰出的公司，进行有效的集中投资，因为你会选择那些长期表现优良和管理层稳定的公司，而且这种稳定性有较大的概率预示着这些公司未来会重复它们过去的表现。这就是集中投资的核心：将你的资金集中在那些大概率可以超越平均表现的公司身上。

概率论，这个属于数学理论的概念，是构成集中投资法的基础概念之一。在第6章，你将会读到更多有关概率论以及如何将其运用到投资上的内容。眼下，你试着做一下脑力练习，将"杰出的公司"想成"大概率事件"即可。通过分析，你已经找到历史记录良好、前景光明的公司，现在，以你已有的知识，用一种不同的角度去思考——从概率论角度去思考。

"少即是多"

还记得巴菲特对于那些投资"小白"的建议吗？他的建议是投资指数基金。对于我们的目标而言，令我们更感兴趣的是，他还说了下面这段话：

"如果你是个有点儿基础的投资者，了解一些企业的经济状况，并且可以找到5到10家定价合理、具有长期竞争优势的公司，那么，传统所谓的多元化（涵盖广泛的主动型投资组合）对你而言可能毫无意义。"[3]

沃伦·巴菲特的投资准则

◎ **企业准则**
   企业是否简单易懂？
   企业是否有持续稳定的运营历史？
   企业是否有良好的长期前景？

◎ **管理准则**
   管理层是否理性？
   管理层对股东是否坦诚？
   管理层能否抗拒惯性驱使？

◎ **财务准则**
   关注净资产收益率，而不是每股盈利。
   计算"股东盈余"。

> 寻找具有高利润率的公司。
>
> 每一美元的留存利润，至少创造一美元的市值。
>
> ◎ **市场准则**
>
> 企业的市场价值几何？
>
> 相对于企业的市场价值，能否以明显的折扣价格买到？

传统的多元化投资问题出在哪里？有一件事是可以肯定的，那就是，传统的多元化方法大大增加了你投资不甚了解的对象的机会。那些运用巴菲特投资准则、"略知一二"的投资者会做得更好，因为他们专注于为数不多的几家公司——通常是"5～10家"，巴菲特也是这样建议的。那些对集中投资哲学有更深了解的、执着的投资者，建议可以集中于更少的公司上，甚至少到3家。对于一般的投资者而言，平均持股以10～15家为宜。

这样，回到最初的问题，到底多少只股票才算是"为数不多"？答案就是不超过15家。比具体数字更为重要的是，懂得其背后的原理。如果一个投资组合持有数百只不同的股票，那么，集中投资将陷于四分五裂。

沃伦·巴菲特经常将英国经济学家约翰·凯恩斯视为思想灵感的源泉。1934年，凯恩斯在一封写给商务助理的信中写道："通过广撒网的形式，投资于那些自己知之甚少、不具备特别信心的公司，从而降低风险的想法是错误的……每个人的知识和经历都是非常有限的，就我而言，在任何特定的时间段里，我很少敢于充满信心地说自己非常熟悉的公司超过两三家。"[4] 凯恩斯的这封信或许就是关于集中投资最早的文字表述。

另一位影响更为深远的人是菲利普·费雪，他对于巴菲特思想的影响已渐渐被人们所重视。作为一位知名的投资顾问，费雪从业近半个世纪。他有两本重要的著作：《普通股与非普通利润》（Common Stocks and Uncommon Profits）和《普通股致富之路》（Paths to Wealth Through Common Stocks）。这两本书都深受巴菲特喜爱。

菲利普·费雪也以集中投资而闻名，他常说自己宁愿持有少数几家理解透彻的杰出公司，也不愿意持有为数众多、不甚了解的平庸公司。费雪是在1929年大崩溃之后不久，开始自己投资咨询生涯的，他记得提供良好的回报是多么重要的事。"那时，没有犯错的空间，"他回忆道，"我对公司了解得越多，回报就越高。"[5] 一般而言，费雪将投资组合里的股票控制在10只以下，其中3～4只常常占有75%的仓位。

费雪在他的《普通股与非普通利润》一书中写道："在没有充分了解的情况下买进一家公司，或许比不充分的多元化更具危险性，一些投资者似乎没有意识到这一点，更不用说他们的顾问了。"[6] 40多年之后的今天，已是91岁高龄的费雪依然初衷未改。他告诉我："优质的股票是极其难寻的，如果不是这样的话，每个人都会发现并持有它们了。我希望自己能拥有最好公司的股票，否则干脆不买。"[7]

菲利普·费雪的儿子肯·费雪也是一位成功的投资管理人，他这样总结他父亲的投资哲学："我父亲的投资哲学建立在一种富有洞察力的观念上，那就是——少即是多。"[8]

"在大概率事件上押大注"

费雪对于巴菲特的影响还在于，当重大机遇来临时，他认为唯一理智的做法是：重拳出击。像所有伟大的投资家一样，费雪非常自律，他尽一切可能去了解一家公司，他会进行无数的实地调研，去访问自己有兴趣的公司。如果他喜欢所看到的公司，他会毫不犹豫地投出巨资。他的儿子肯·费雪指出："我父亲非常清楚，在有回报的对象上持有巨大仓位意味着什么。"[9]

如今，沃伦·巴菲特对这一思想产生了共鸣："对于你所做的每一项投资，你应该有勇气和信念，至少投入你10%的净资产在那只股票上。"[10]

你应该明白为什么巴菲特说，理想的投资组合所包含的股票不应该多于10只了吧？因为，如果每只股票持有的仓位为10%的话，正好是100%。然而，集中投资并不仅仅是简单地发现10只好股票，然后平均每只持有10%。尽管，在集中投资组合中的每只股票都具有大概率的回报可能，但其中的一些必然具有更大的概率，这样的话，它们被持有的比例应该更高。

玩21点纸牌游戏的人都会凭着直觉采取这样的策略：当你具有巨大的胜算时，一定要下大注！在很多专家眼里，投资者与赌徒有很多共同之处，或许是因为他们依赖同一种科学：数学。除了概率论之外，数学为集中投资提供了另一种理论基础：凯利优化模式。凯利优化模式是一种使用概率去计算最优选择的公式，在这里，是指最优的投资比例。（有关这个模式以及当初它是如何产生的有趣故事，将在第6章中呈现。）

我并不确定沃伦·巴菲特在1963年下半年买进美国运通的股票时，心里是否知道有凯利优化模式，但这项投资简直就是这个概念与巴菲特勇气相结合的清晰展示。20世纪50年代和60年代，巴菲特作为管理合伙人在内布拉斯加州的奥马哈管理一家投资合伙公司，时至今日，他仍然生活在奥马哈。当有利可图的机会出现时，合伙公司允许持有较大的仓位。1963 年，这样的机会出现了。随着臭名昭著的蒂诺·德·安杰利斯（Tino de Angelis）色拉油丑闻的爆发，美国运通的股价从 65 美元大跌至 35 美元，因为当时人们都认为运通公司对于丑闻中出具的仓单收据需要承担数百万美元的责任。巴菲特投入了 1300 万美元（占合伙企业资产的 40%）持有美国运通约 5% 的股份。之后的 2 年，美国运通的股价涨到了原来的 3 倍，巴菲特所在的合伙公司大赚了 2000 万美元。

"要有耐心"

相对于那些过分多元化、高换手率的投资方式，集中投资是一种完全相反的投资方式。相对于主动管理型投资策略，随着时间的推移，这种方式只集中于具有最佳机会战胜指数的对象上，但这种策略要求投资者耐心持股，即便其他的策略跑在前面时也需要坚守。短期而言，我们知道许多因素都会影响股价，例如利率的变化、通货膨胀的变化或其他短期公司盈利预期的变化。但是，随着时间周期的拉长，股票所代表的公司的经济发展趋势将会渐渐主导股价的表现。

那么，到底多长时间算是合理的期限呢？正如你所意料的，并没有一个简单的固定标准（尽管巴菲特可能会说，任何少于 5 年时间的想法都是愚蠢的）。我们的目标并不是追求零换手率，如果这样刻板的话，可能会捆住你的手脚，以至于你无法抓住降临的机遇。我的建议是，一般情况下，换手率在 10% 到 20% 之间即可。如此一来，10% 的换手率意味着你的持股期限为 10 年，

20%的换手率意味着持股期限为5年。

"不必为价格波动而惊慌"

价格波动是集中投资的必然副产品，在传统的主动管理型投资方式中，通过多元化的手段，将各个股票不可避免的价格波动效应平均化。投资客户打开月结单，看到冰冷的白纸黑字显示投资大幅缩水，主动管理型基金经理心里非常明白这意味着什么。即便对于那些明白下跌也很正常的投资人而言，这样的结果也会引起心理上的不良反应，甚至陷入惊慌。

一个投资组合持有的股票品种越多，单只股票价格的变动对于月结单的影响就越小。的确，多元化的持股给很多投资者带来了极为舒适的感觉，因为它平滑了投资道路上的颠簸起伏、磕磕绊绊。一个平滑的旅程是平坦的，这是真的，这避免了不愉快。但如果你平滑了所有的上上下下、起起伏伏，最终，你所得到的只能是平均结果。

集中投资追求的是超越平均的结果。正如我们将在第3章中看到的，不论是学术方面的研究，还是真实案例的历史记录，大量强有力的证据表明这种追求是成功的。然而，毫无疑问，道路是颠簸崎岖的。集中投资者忍受了这些颠簸，因为他们知道，长期而言，这些股票所代表的公司会带来可观的回报，足以补偿短期的价格波动带来的痛苦。

巴菲特就是忽略这些价格波动的大师，他多年的朋友和同事、伯克希尔-哈撒韦（简称伯克希尔）的副董事长查理·芒格也同样如此。很多喜欢阅读伯克希尔公司那些与众不同的年报的粉丝们都知道，巴菲特和芒格二人惺惺相惜，他们彼此支持，既有相互补充，又有独立思考。芒格的态度和哲学对于巴菲特影响非常大，反过来，巴菲特对芒格也一样。

20世纪60年代和70年代，几乎与同时代的巴菲特一样，芒格运营着一家投资合伙公司，他同样拥有在投资上下大注的自由。当年，芒格在投资决策中所运用的智力推理与集中投资如出一辙。

芒格解释说："20世纪60年代，我在实际工作中使用了一种复利表。针对普通股一般的行为规律，我对自己可能具有的优势进行了各种假设。"（OID）[11] 芒格采用了不同的集中投资假设，涉及因素包括投资组合中持有股票的数量以及可预期的波动。这是一种直截了当的计算。

"从一个扑克玩家的角度出发，我明白当有巨大的胜算时，你应该下大注。"芒格说。他接着得出结论，只要可以承受价格的波动，投资组合里持有的股票即便少到只有3只，也已经足够。"我知道我的心理强大到可以承受得起这些波动，"他说，"因为我是被自信能够应对波动的人抚养长大的，所以，我是实施我这套方法的理想人选。"（OID）[12]

或许，你也是可以承受价格波动的众多人选中的一员。即便你并非天生如此，你也可以获得他们的一些特质。第一步是有意识地改变自己的思维和行为。获取新的习惯和思维模式并非一朝一夕的事，但你会渐渐有所改变，在面对变幻莫测的市场时，这些习得的新模式一定会令你不再心惊胆战、行动鲁莽。

在学习更多相关的投资心理学（参见第7章）时，你或许会发现一些令人愉悦的事。在被称为行为金融学的领域，一些社会科学家开始认真研究心理学在投资方面的作用。你或许还会发现这些内容非常有用，因为你可以用不同的衡量标准评估什么是成功。如果股价大跌会令你心力衰竭，也许是时候使用另外一种方法来衡量投资表现了，这种方法不会一针见血，但依然有效（巴菲特会说，甚至更有效）。这种新的衡量方法所涉及的经济标准，将在第 4 章中呈现。

正如我们之前提到的，集中投资是一个简单的概念，它在几个相互关联的原理运用中展现出活力，这些原理涉及逻辑学、数学和心理学。纵观本章已经介绍的各种原理，我们现在可以重新表述一下，作为指南。

总而言之，集中投资的过程包括如下行动：

- 运用《巴菲特之道》中提到的投资准则，挑选为数不多（10～15 个）的杰出公司，这些公司在过去获得了超越平均的回报，并且你相信它们在未来依然大概率可以继续过去的强劲表现。
- 按一定比例配置你的投资资金，将最大比例的资金押在概率最大的事件上。
- 只要事情没有恶化，请尽可能保持投资组合至少 5 年不动（时间越久越好）。面对股价波动带来的颠簸，让自己学会顺势而为、冷静以待。

格栅模型

沃伦·巴菲特并没有发明集中投资法，50 年前，这种方法的基本原理最初源于约翰·梅纳德·凯恩斯。巴菲特在给这种方法命名之前，就已运用了这个原理，并且取得了令人惊叹的成就。令我陷入迷思的是，华尔街向来对复制成功有着不加掩饰的热情，为什么至今对于集中投资这种合理的方法仍视而不见呢？

1995年，我们发行了美盛集中信托基金，这是第二只投资标的限制在15只（或更少）股票的共同基金。（第一只同类基金是红杉基金公司发起的，它的故事将在第3章里讲述。）这只基金给我带来了无价的关于集中投资的管理经验。在过去的4年里，我有机会与投资人、投资顾问、分析师、基金管理人同行以及财经媒体互动交流，我所学到的东西让我相信，在这个世界上，集中投资者的所作所为与投资行业众多流行的做法相去甚远。简而言之，它们的思路不一样。

查理·芒格使用格栅模型的比喻帮助我理解这种思维模式。1995年，芒格在南加州大学商学院基尔福德·巴比考克（Guilford Babcock）教授的班上发表了一个演讲，题目是"普世智慧：作为基本分支的投资专长"。这篇演讲后来被《杰出投资者文摘》（*Outstanding Investor Digest*，OID）转载。芒格对这个话题特别感兴趣，围绕这个题目，他认为人们如何获得真知（或他称之为"普世智慧"的东西）是个特别重要的事情。

仅仅对事实和数据进行简单的整理和引用是不够的。相对而言，芒格解释说，智慧更多的是如何将很多相关的事实综合在一起。他认为只有一种方法可以获得智慧，那就是将生活的经历置于广泛的、跨学科的不同心智模型之上。"你必须在头脑中建立模型，你必须将自己的经历在格栅模型的基础上条理化，无论是间接的还是直接的经历。"（OID）[13]

芒格说，学习的第一规则，是你必须在心中形成多种模型。

你不仅需要模型,而且需要具有数种不同的学科模型。芒格解释说,想成为一个成功的投资人,你要在思维中具备多学科的思维路径。

这种路径将使你与众不同,芒格指出,因为这个世界并不是多学科的。一般而言,商学院的教授不会在讲课时提到物理学,而物理学老师不会提到生物学,生物学老师不会提到数学,当然,数学家们在他们的课上也几乎不会提到心理学。根据芒格的这个观点,我们必须去除这些"认知上的法定界限",从而完成我们所有的格栅模型。

"我认为,人类大脑一定是按照某些模型运行的,这是毋庸置疑的。"芒格说,"关键在于,让你的大脑比别人的大脑工作得更为出色,因为如果你的大脑掌握绝大多数基本的模型,你的单位效率就会提高。"

对我而言,事情非常清楚,集中投资法与我们当今投资文化中流行和运用的结构狭隘的模型不完全相符。为了充分获得集中投资的全部优点,我们需要在思维上加上更多的概念、更多的模型。如果你没有明白心理学上的行为模式,你就永远不会对投资满意。如果你不明白统计概率,你就不懂如何优化投资组合。在没有明白复杂适应性系统之前,你可能永远不会意识到预测市场的愚蠢。

这种涉猎各个学科的研究不必达到样样精通的地步。"你不必成为每一个领域的权威专家,"芒格解释说,"你所需要做的就是知道真正重要的概念,尽早地学习,并把它学好。"(OID)[14]芒格指出,这项练习最激动人心的部分是产生这样的洞见:不同的心智模型结合在一起,并朝着同一个方向运行是可能的。

集中投资者必须学习的最精细的模型是选股模型，我们中的很多人已经在《巴菲特之道》一书中有所了解。在这里，我们需要再加上一些简单的模型以完成我们的教学：明白如何将一系列股票放在一个组合里，如何管理这个组合，以期未来可以获得最大化回报。但我们并不孤独，我们有巴菲特和芒格的智慧作为引导，我们有他们在伯克希尔-哈撒韦积累的经验。可以毫不夸张地说，这两位的远见卓识不但为他们本人增信，而且为伯克希尔公司这个组织增信，他们将伯克希尔公司称为"教授正确思维系统的教学企业，教授的主要课程是真正起作用但为数不多的几个重大想法"。(OID)[15]

"基本上，伯克希尔是一个非常传统的地方。"查理·芒格说，"我们会尽力保持这种风格不变，非常传统并不意味着愚蠢固执，而是意味着对于一些永恒真理的坚守——基本的数学、基本的常识、基本的恐惧、基本的人性判断。这些结合在一起使得预测人类的行为成为可能。如果你可以将这些原则运用得当，我认为你会做得相当不错。"(OID)[16]

| 第 2 章 |

现代金融的先驱

所谓的传统智慧,长于传统,而短于智慧。

——沃伦·巴菲特

1929年股票市场的崩溃是20世纪最严重的金融灾难，紧随其后的是严重的大萧条。排名第二糟糕的是1973～1974年的大熊市以及经济衰退，这次衰退没有像1929年大崩溃那样在某一天突然爆发，对普通的美国家庭也没有广泛的破坏性，所以，1973～1974年的这次危机在我们大家的记忆中并没有留下太深刻的印象。但是，对于金融业的专业人士而言，这一场危机的分量丝毫不亚于1929年的大萧条，因为它是现代金融历史上的一道分水岭，尤其是在现代金融理论的发展方面。

如今，以事后诸葛亮的眼光来看，人们可以看到，即便到今天依然在争论不休的两种不同的投资哲学，它们的根源都是1973～1974年的大崩溃。投资界的两队人马都在寻找最佳的投资路径，但他们得到的结论各不相同。实际上，与其说是两队人马的较量，不如说是一个人——沃伦·巴菲特和其他人的较量更为准确。

1973～1974年的大熊市是一个缓慢的、曲折的、钝刀子割肉的过程，它持续了两年之久。整个股市大跌超过60%，持有低息债券并寻求固定收益的持有人眼睁睁看着自己的投资缩水，利息和通货膨胀都升至两位数，石油价格也在飙升。房屋按揭贷款利率上升到如此之高，以至于没有几个中产阶级家庭能够承受得了买一套新房的负担。这是一个黯然无光、残酷无比的时代。金融业遭受如此严重的重创，以至于众多投资经理开始反思自己的策略方式是否存在问题。

为了寻求答案，大多数专业投资人士渐渐转向学术研究组织，尽管其中一些极不情愿。这类学术研究基本上被忽视了20年之久，总体而言，这些学术研究的成果被称为现代投资组合理论。

但是，巴菲特走向了另一个不同的方向。

沃伦·巴菲特，一个证券经纪人的儿子，他父亲的公司位于内布拉斯加州的奥马哈。他11岁的时候，就开始在父亲公司的黑板上写写画画。同年，他买进了人生中的第一只股票。在就读内布拉斯加大学时，这个年轻人对于数字的天赋被一本书点燃，这本书就是哥伦比亚大学教授本杰明·格雷厄姆的著作《聪明的投资者》。格雷厄姆认为，投资信息中关键的部分是一家公司的内在价值。投资者的核心工作就是准确地计算这个内在价值，然后遵守纪律，只在股价低于计算出的内在价值时出手买进股票。巴菲特被这个数学方法深深吸引，以至于申请成为哥伦比亚大学的研究生，以便在格雷厄姆门下学习。

在取得了经济学硕士学位之后，巴菲特回到家乡奥马哈，开始为父亲工作。那时，他的父亲已经有了自己的证券经纪公司，名为巴菲特·福尔克公司。1952年，年轻的巴菲特开始着手实践格雷厄姆的投资方法。正如格雷厄姆教他的那样，只有在股价低于其内在价值时，巴菲特才考虑买入。他完全是一副格雷厄姆的做派，每当股价低迷的时候，他都会精神抖擞、兴趣大增。

在为父亲工作的同时，巴菲特与恩师也保持着密切的联系。1954年，格雷厄姆邀请他这位以前的学生到纽约，加入格雷厄姆-纽曼公司。两年之后，格雷厄姆退休，巴菲特回到奥马哈。这一年巴菲特25岁，他找到7位有限合伙人出资，加上自己的100美元，成立了自己的投资合伙公司，几年之后他做成了一项惊人的投资，就是在第1章中描述的对美国运通的投资。

作为普通合伙人，巴菲特可以运用合伙公司的资金进行投资。除了投资美国运通并持有少数股份外，他有时也会买进一些公司的控股权。1962年，他着手收购一家处境艰难的纺织公司，名叫伯克希尔-哈撒韦。

1969年，在创立投资合伙公司12年之后，巴菲特关闭了合伙公司。他之前树立了雄心勃勃的目标——每年跑赢道琼斯工业平均指数10个百分点。实际上，他做得远远好于预期，因为他跑赢了不是10个百分点，而是25个百分点。解散合伙公司之后，他原来的一些投资人希望继续跟随一位基金经理人，于是巴菲特邀请他在哥伦比亚大学的同学比尔·鲁安来管理他们的资金。鲁安答应了，并由此创立了后来著名的红杉基金。（更多关于鲁安的情况见第3章。）

多元化的投资组合管理

1952年3月，刚刚研究生毕业的巴菲特到父亲的证券经纪公司工作。与此同时，《金融杂志》(The Journal of Finance)上刊登了一篇名为《投资组合选择》(Portfolio Sellection)的文章，作者是芝加哥大学的研究生哈里·马科维茨。文章并不长，仅有14页，而且以学术杂志的标准来看，也谈不上引人注目。文章的文字部分仅有4页（其余部分全是图表和数学公式），3篇引用文献。然而，这篇文章如今被认为是现代金融的起点。[1]

根据马科维茨的观点，回报与风险密不可分，他认为这是一个相当简单的概念，不需要长篇大论的解释。作为一个经济学家，他认为将二者之间的关系进行统计学意义上的量化是可行的，从而确定不同回报水平所需的风险程度。在文章中，他展示了自己的计算，以支持自己的结论：没有哪一个投资者可以在不承担高于平均风险的情况下，获得高于平均水平的回报。

马科维茨后来回忆："我被风险与回报之间的关系深深打动。"[2]根据我们所学的投资知识，这个观点在今天分明是不言而喻的，在 20 世纪 50 年代却是革命性观点。在此之前，投资者几乎不考虑投资组合问题或风险的概念，投资组合的建立是随机的，如果一名经理人认为一只股票的价格即将上升，就会买入这只股票，不会考虑其他因素。

这令马科维茨感到困惑，他认为，不承担一定的风险就想取得高回报这种想法是愚蠢的。为了厘清自己的观点，马科维茨发明了一个词：有效边界（Efficient Frontier）。

他解释道："作为一个经济学家，我画出一条曲线，一条轴代表预期回报，另一条轴代表风险。"[3]所谓有效边界就是一条从左下方底部划向右上方顶部的曲线，这条曲线上的每个点都代表了预期回报以及与之相对应的风险水平的交汇。最为有效的投资组合是在风险一定的情况下回报最高的组合。而一个效率不佳的投资组合会将投资者暴露在一定风险之中，却没有提供相应的回报。马科维茨说，投资经理的目标是在控制或避免无效投资组合的情况下，将投资组合与投资者的风险承受度进行合适的匹配。

1959 年，马科维茨以自己的博士论文为基础，出版了他的第一本书《投资组合的选择：有效多元化投资》(*Portfolio Selection*：*Efficient Diversification of Investment*)。在这本书里，他更为彻底地描述了他对风险的认识。"我使用标准差（Standard Deviation）

来衡量风险。"马科维茨解释道。方差⊖（偏差）可以被理解为与平均值的差距。根据马科维茨的观点，与平均值的差距越大，风险越大。

根据马科维茨的定义，我们可以认为，一个投资组合的风险，就是组合中每只股票方差的加权平均。但是，这里缺失了一个关键点。尽管方差提供了一个测量个股的口径，但是，两个方差（或一百个方差）的平均值无法告诉你两只股票（或一百只股票）组成的投资组合的风险。所以，马科维茨所做的，是找到一个确定整个投资组合风险的方法。很多人认为这是他最伟大的贡献。

基于已有的加权方差公式，他将衡量投资组合风险的因子称为"协方差"。协方差衡量的是一组股票的走势。当我们看到两只股票的走势趋于一致的时候，这两只股票显示出来的协方差就高。与此相反，协方差低的两只股票走势会背道而驰。按照马科维茨的观点，一个投资组合的风险并不是组合中个股的方差，而是整个组合持股的协方差。它们的走势越趋于一致，那么，将来受到经济变动引发同时下跌的机会就越大。同样的道理，如果一个组合里的股票走势并不趋同，这个组合反倒是一个保守的选择。马科维茨说，无论是上述哪一种，多元化都是关键。

根据马科维茨的观点，一个投资者采取行动的恰当顺序是，首先找到能够适应的风险水平，然后构建一个由低协方差值股票组成的有效多元化的投资组合。

实际上，马科维茨的这本书就像他7年前的文章一样，被投

⊖ 方差是标准差的平方。

资界的专业人士完全忽略了。

风险的数学定义

在马科维茨发表他开创性的论文大约 10 年之后，一位名叫比尔·夏普（Bill Sharpe）的年轻博士找到马科维茨。夏普当时在兰德研究所（RAND Institute）从事线性规划的研究，需要一个论文的题目，他根据加州大学洛杉矶分校（UCLA）一位教授的建议去找马科维茨。马科维茨告诉夏普自己在投资组合理论上的研究工作，以及对于大量协方差估值的需求。夏普在认真聆听了马科维茨的讲述之后，返回加州大学洛杉矶分校。

1 年后，1963 年，夏普的论文发表了，名为《投资组合分析的简化模型》（A Simplified Model of Porfolio Analysis）。在完全承认自己的成果是基于马科维茨思路的同时，夏普提出了一套简化模型，从而避免了马科维茨需要的无数协方差数值的计算。

按照夏普的观点，所有的证券都会与一些基本因素有着共同的关系。这些基本因素可以是一个股票市场的指数、国民生产总值（GNP）或其他价格指数，只要它对证券具有极其重大的影响即可。使用夏普的理论，一位分析师只需要衡量证券与这个主导的基本因素之间的关系即可。这大大简化了马科维茨的方法。

让我们以普通股为例，根据夏普的理论，影响股价的基本因素（单一最大影响因素）是股市本身（同样重要但影响次之的，是行业因素以及个股本身的独有特点）。如果一只股票的价格波动比整个股市的波动性更大，它所具有的风险就更大。反过来，如果一只股票的价格波动小于整个股市，那么，将它加入投资组合就会减少整个组合的变化和波动。现在，一个投资组合的波动可以很容易地通过个股的加权平均波动来决定了。

夏普的波动衡量法被命名为 β 因素。整个股市和单一个股，其价格走向之间的相关度被描述为 β。那些涨跌与股市大盘完全保持线性一致的股票，它们的 β 值被设定为 1.0。如果一只股票的涨跌幅度是大盘的两倍，则 β 值为 2.0；如果一只股票的变动仅为大盘的 80%，则 β 值为 0.8。凭着这一信息，我们就可以搞清楚一个投资组合的加权平均 β 值。由此得出的结论是：一个 β 大于 1.0 的投资组合，其风险高于大盘；一个 β 小于 1.0 的投资组合，其风险小于大盘。

在发表了有关投资组合理论的论文一年之后，夏普引入了一个影响深远的概念——资本资产定价模型（CAPM），这是对他构建的有效投资组合单因素模型的直接延伸。根据他提出的资本资产定价模型，股票具有两种不同的风险：一种是与股市大盘相关的风险，夏普称之为"系统性风险"，系统性风险是无法通过多元化消除的"β"；第二种风险称为"非系统性风险"，这种风险与具体上市公司自身的经济状况有关。与系统性风险不同，非系统性风险是可以通过多元化（即在投资组合中加入不同的股票）来分散的风险。

著名作家、研究学者、《投资组合管理期刊》（*The Journal of Portfolio Management*）创始编辑彼得·伯恩斯坦花了大量时间与夏普在一起，并对其工作进行了深入的研究。伯恩斯坦认为，夏普的研究得出了一个"不能忽视的结论"："所谓的有效投资组合就是股市本身。不会有任何一个风险相同的投资组合，能够提供更高的预期回报，也不会有任何一个预期回报相同的投资组合，具有更低的风险。"⁴ 换言之，资本资产定价模型表明整个市场的投资组合完美地与有效边界吻合。

在 10 年的时间里，两位学者为后来的现代投资组合理论定义了两个重要的因素，这两个因素分别是：马科维茨关于多元化决定风险与回报平衡的理论，以及夏普关于风险的定义。现代投资组合理论的第三个因素——有效市场理论，来自芝加哥大学一位年轻的金融学助理教授尤金·法玛。

有效市场理论

尽管已经有数位杰出的研究专家，包括麻省理工学院（MIT）的经济学家保罗·萨缪尔森在内，写了不少关于有效市场的文章，但是必须承认，在股市行为的精深理论发展方面，尤金·法玛是功劳最大的一位。

20 世纪 60 年代初期，法玛便开始关注股价的变化。法玛是一个如饥似渴的阅读者，他遍览了当时所有能够得到的有关股市行为的著作，其中对他影响最深的是法国数学家伯努瓦·曼德勃罗（Benoit Mandelbrot）的作品。曼德勃罗发展了分形几何学（Fractal Geometry），他认为，由于股票价格的波动是没有规律可循的，所以不可能对其进行基本面或统计学意义上的研究。此外，股价不规则波动的模式一定会加剧，并导致出乎意料的、巨大而剧烈的变化。

1963 年，法玛的博士论文《股票价格的行为》在《商业杂志》（*The Journal of Business*）上发表，后来该文的部分节选又在《金融分析师杂志》（*The Financial Analysts Journal*）和《机构投资者》

（*The Institutional Investor*）上发表。此时，作为一个初出茅庐的新人，法玛引起了金融界的关注。

法玛的观点非常清楚：股价无法预测是因为市场太有效。在一个有效市场中，一旦有信息出现，就会有很多聪明人（法玛将这些人称作"理性的最大利润追求者"）尽情利用这个信息，这就导致股价瞬间做出相应的调整，从而没有人可以从中获利。在一个有效的市场中，预测未来是徒劳的，因为股价的调整反应太快。

法玛承认，从经验上对有效市场理论进行验证是不可能的。他指出，替代性的验证方法是，找到一些可以跑赢大盘的交易系统或交易者。如果这类交易系统或交易者存在的话，那么就明显说明市场不是有效的。但是，如果没有人能够证明自己拥有战胜大盘的能力，那么就可以推断价格反映了所有可获得的信息，因此，市场是有效的。

这些现代投资组合理论千丝万缕地交织在一起，引发了发展它们的理论家和研究学者们极大的兴趣，但是在20世纪50年代和60年代，华尔街却视而不见。对此，彼得·伯恩斯坦指出一个原因：在此期间，投资组合管理属于"全新的未知领域"。然而，到了1974年，这一切全变了。

毫无疑问，1973～1974年的大熊市迫使投资界的专业人士认真思考来自学术界的著作，这些著作推荐了可以控制风险的新方法。过去数十年的疏忽大意造成的自我经济创伤已经深入骨髓，伯恩斯坦说："1974年的灾难让我相信，一定会有更好的方法来管理投资组合。即便我可以让自己对来自学术界的理论无动于衷，但来自各个主流大学的理论已势不可挡，以至于我无法接受同行们的观点，他们认为这些理论都是'一派胡言'。"[5]

由此，历史上第一次出现这样的景象，金融的命运不再掌握在华尔街手里，也不再掌握在华盛顿手里，甚至也不再掌握在企业所有者手里。当我们不断前行之时，会看到金融世界的景象被一群大学教授来定义，金融界专业人士纷纷登门请教。教授们从象牙塔里走出来，现在他们成了现代金融的主宰。

巴菲特和现代投资组合理论

尽管巴菲特专注于伯克希尔－哈撒韦公司的运营，但他依然对市场保持着密切的关注。尽管绝大多数专业投资人士将1973～1974年视为损兵折将的时期，但秉承格雷厄姆原则的巴菲特满眼看到的是危中有机，而且他知道何时采取行动。

在斯坦福法学院的演讲中，巴菲特描述了他投资华盛顿邮报的根本原因。正如《杰出投资者文摘》报道的那样，巴菲特后来回忆道："1974年，我们以8000万美元的估值买入华盛顿邮报。如果你问100位分析师该公司价值几何，没有人会否认它价值4亿美元的事实。现在，让我们来看看，按照β理论和现代投资组合理论的说法，如果我们不是以8000万美元，而是以4000万美元买入该公司，我们的风险会更大，即便该公司价值4亿美元，因为它具有更大的波动性。就这样，他们失去了我。"（OID）[6]

购买华盛顿邮报是一个明确的信号，那就是巴菲特走上了一条与绝大多数专业投资人士不同的道路。对于现代投资组合理论的三要素：风险、多元化和有效市场，巴菲特也考虑得非常清楚。

巴菲特论风险

让我们回忆一下现代投资组合理论,风险被定义为股价的波动。但巴菲特在其一生的投资生涯中,总是将股价的下跌视为可以赚更多钱的良机。如果真的有什么内涵的话,那就是股价的下跌实际上减少了巴菲特的风险。他指出:"对于公司所有者(这正是我们认为股东的角色所在)来说,关于风险的学术定义实在是谬之千里,简直可以算是无稽之谈。"[7]

关于风险的定义,巴菲特有一套不同的看法:风险是受到伤害或损害的概率,它也是企业"内在价值风险"的一个构成因素,而不是股票的价格行为。[8]巴菲特说,真正的风险在于,一项投资的税后回报是否"会带给他(投资者)至少与投资之初相同的购买力,并在初始投资基础上加以合适的利息"。[9]在巴菲特看来,伤害或损害来自四个决定你投资对象未来利润的主要因素(见"这是一项好投资吗?"),以及税收和通货膨胀的无法控制、无法预测的影响。

这是一项好投资吗?

为了搞清楚你在一项最初投资中获得回报的概率,巴菲特鼓励你在心中牢记如下四个要素:

1. 企业长期经济特征的确定性可以被评估。
2. 管理的确定性可以被评估,包括实现企业全部潜力的能力,以及明智地使用企业现金流的能力。
3. 管理层值得信赖的确定性可以被评估,他们将企业的回报交给股东,而不是自己。
4. 购买企业的价格。[10]

依照巴菲特的观点，风险与投资者的投资期限密切相关。他解释到，如果你带着明天就卖出的想法在今天买进一只股票，那么，你就进入了一场风险交易。正确预测股价短期涨跌的概率不会大于抛硬币猜对正反面的概率。然而，巴菲特说，如果你能将时间期限延长至数年，并假设你的买进是合适的，那么，风险交易的概率就会大幅降低。"如果你让我估计一下今天上午买进可口可乐并在明天上午卖出的风险，"巴菲特说，"我必须说这是一笔极具风险的交易。"（OID）[11] 但是，按照巴菲特的思路，如果你今天上午买进可口可乐并持有10年，实际上风险为零。

巴菲特论多元化

巴菲特对风险的看法推动了他的多元化战略，他的观点与现代投资组合理论完全相反。根据现代投资组合理论，广泛多元化的好处主要在于减少个股的价格波动。但是，如果你并不在意价格的波动，就像巴菲特一样，你就会以一个不同的角度看待投资组合的多元化。

"我们采取的策略使我们远离了跟随标准多元化的教条。"巴菲特说，"很多权威专家会因此认为我们的这种策略，比那些传统投资者的策略具有更大的风险。我们认为，如果集中投资策略（正如它本该做的那样）能提高投资者对公司的关注程度，并提升其对公司经济状况的满意程度，那么该策略就很可能会降低风险。"[12] 这样，通过有意识地专注于有限的几家公司，你能更充分地研究它们，更了解它们的内在价值。你对这些公司了解得越多，你承受的风险就越小。

"多元化对于无知起到了很好的保护作用。"巴菲特解释道,"如果你希望确保做得不比大盘更糟,你应该拥有整个市场。这个想法没什么错,对于一些不知道如何分析企业的人而言,这是一种极为合适的方法。"有些投资者知识有限,也不太了解如何给一个企业估值,在很多情况下,现代投资组合理论对这些人起到了保护作用。但是这种保护是有代价的,这种保护来自价格,根据巴菲特的说法:"它(现代投资组合理论)会告诉你如何得到平均结果,但是,我认为任何具有5年级水平的人,都知道如何获得平均结果。"(OID)[13]

巴菲特论有效市场理论

如果有效市场理论正确的话,那么,除了随机事件没有任何人或群体可以超越大盘。而且,同一个人或同一个团体连续超越大盘的现象肯定不会存在。但是,巴菲特在过去25年所取得的骄人业绩是个明证,证明连续超越大盘是可能的,尤其是巴菲特之后其他几位杰出投资人物也获得了超越大盘的辉煌成就。这些对于有效市场理论而言意味着什么呢?

"对于这些不一致的证据,这个理论的拥护者似乎从来都不感兴趣。"巴菲特观察到,"很显然,不愿意放弃自己的观点,不愿意主动揭开神秘的面纱,这样做的并不仅仅局限于神学家。"

关于有效市场理论站不住脚的原因可以简单地归结如下:

- 投资者并不总是理性的。根据有效市场理论，投资者通过利用所有可获得信息在市场上确定合理的价格。然而，行为心理学的广泛研究表明，投资者群体并不拥有理性的预期。
- 投资者没有正确地处理信息。他们只会不断地依靠捷径来确定股价，而不是通过基本面分析来揭示公司的内在价值。
- 业绩标准强调短期表现，这使得长期战胜市场成为不可能的事。

巴菲特与有效市场理论分歧的核心在于：有效市场理论并没有为那些分析所有可获得信息，并通过这样做获得竞争优势的投资者提供支持。"他们正确地观察到市场经常是有效的，但接下来做出了不正确的推断——市场总是有效的。这之间的差别犹如暗夜与白昼。"[14]

然而，有效市场理论的教学依然在各大学商学院里如同宗教般盛行，这样的现实带给沃伦·巴菲特无止境的"满足"。巴菲特挖苦道："很自然，那些因接受有效市场理论而受到伤害的学生以及轻信该理论的投资专业人士，实际上为我们以及其他格雷厄姆的追随者提供了非同一般的服务。如果（我们的）对手被教育无论如何努力都没用，以至于他们连试都不试一下，那么，（我们）无论是在财务方面，还是在心理和身体方面，都会拥有巨大的优势。从自私的角度而言，我们或许应该给大学捐钱以保证有效市场理论的教学可以一直持续下去。"[15]

现代理论既已如此，但依然有一种投资策略能够胜出市场，它将引导我们进入一个全新的投资组合管理理论。

新投资组合理论的发展

今天，投资者正处于认知的十字路口上。左手边是现代投资组合理论，它假设投资者是理性的，市场是有效的，风险由价格的波动定义，降低风险的唯一方法是广泛多元化。右手边是集中投资理论，它旗帜鲜明，植根于以下一系列与众不同的信念：

- 投资者并非总是理性的，他们被周期性的恐惧与贪婪所折磨。
- 市场并非总是有效的，因此，那些愿意研究和学习的投资者会有战胜市场的机会。
- 风险并非取决于价格，而是取决于经济价值。
- 最好的投资组合是强调在大概率事件上下大注的集中投资组合，而不是在充满各种可能的概率事件上押上同等分量筹码的组合。

在人们可以成功地运用巴菲特传授的集中投资策略之前，他们必须在思想上摆脱现代投资组合理论的框架。通常来说，拒绝一种基本上被认为无效的模式是容易的，毕竟，碌碌平庸并非什么值得骄傲或值得被奖励的事情。但是，现代投资组合理论已经存在了相当长的一段时间，孕育了深厚的文化，它背后充满了齐整的公式和诺贝尔奖得主的名字。我们不能指望现代投资组合理论的捍卫者被轻易说服，因为，默许（其他理论）会对他们的学术资本和财务资本造成双重威胁。

幸运的是，我们并不需要承担瓦解现代投资组合理论的任务，随着事实的逐渐展现，该发生的终将发生。如果我们能追随巴菲特的忠告，那么我们所取得的成功将推翻这个低效的模式。

尽管现代投资组合理论一方有强大的学术重量级人物，但也不要忽视这样一个事实——集中投资这条战线的英雄谱上也有一群历史上最伟大的投资家：约翰·梅纳德·凯恩斯、菲利普·费雪、查理·芒格、卢·辛普森、比尔·鲁安，以及沃伦·巴菲特。

如果你已经被现代投资组合理论的喋喋不休搞得晕头转向，那么请振作一下，听听本杰明·格雷厄姆讲给他学生的话："你的对错不会由大众是否赞同你所决定，你只会因为你数据和逻辑的正确而正确。"[16]

| 第 3 章 |

巴菲特部落的超级投资家

投资并非一场关于智商高低的游戏,智商160的人并不一定能击败智商130的人。

——沃伦·巴菲特

大约在喧嚣的 20 世纪 20 年代中期,已经开始在华尔街声名鹊起的年轻的本杰明·格雷厄姆回到自己的母校哥伦比亚大学,在夜间教授证券分析课程。他一直在考虑写一本证券分析方面的书,并认为授课能够帮助他组织整理思路。哥伦比亚大学接受了他的建议,并将该课程安排在 1927 年的秋季学期。

这门课程受欢迎的程度超出想象,但最感意外的莫过于格雷厄姆本人。由于来上课的人太多,校方不得不派出保安拦在门外,以确保提前登记的学生都有座位。在这些听课的人中,有一个叫戴维·多德的年轻人,他是哥伦比亚大学商学院的助理教授,也参加了这个课程。第二年,这个课程的需求更大了,很多人都希望参加这个课程,希望能学到股票投资的新技巧。

接下来是 1929 年。在冬季的那几个月里,为了应对股市大崩盘的影响,格雷厄姆全身心地投入到自己以及客户的事务,所以,写书的进展延迟了。尽管他请了之前的学生多德帮忙整理,但这本书名随和的具有划时代意义的书——《证券分析》一直等到 1934 年才得以面世,那一年是大萧条最严重的时期。格雷厄姆后来说,时间的延迟是天赐的机缘,这让他可以在书中加入"以很多痛苦为代价换来的智慧"。[1]

作为一部广受赞誉、举世闻名的经典之作,《证券分析》一书在历经 65 年 5 个版本之后的今天依然在被印刷。鉴于《证券分析》对于现代投资界的影响,以及本杰明·格雷厄姆对于这个行业的巨大贡献,这本书无论获得怎样的赞誉都不为过。

在《证券分析》问世 50 周年之际,哥伦比亚大学商学院主办了一场周年研讨会,以纪念两位杰出老师的这部伟大著作。作为哥伦比亚大学最为著名的校友之一、格雷厄姆价值路线最著名的倡导者，沃伦·巴菲特受邀做了一个演讲。

出席1984年这场研讨会的听众中，有大学教授、研究人员、其他学术界人士以及很多投资界的专业人士，他们对于现代投资组合理论持坚定的认同态度，也认同有效市场理论。但是巴菲特，正如我们所知道的那样，坚决持不同意见。他的演讲主题为"格雷厄姆-多德部落的超级投资者"，在这篇演讲中，巴菲特讲了一些故事，开了几个并不浮夸的玩笑，他以平静但坚定的态度拆解了有效市场理论赖以存在的基础，这是一次沃伦·巴菲特式的经典演讲。[2]

他的演讲以概括现代投资组合理论的核心论点开始，这些核心论点包括：股市是有效的，所有股票都被正确地定价，因此任何年复一年战胜市场的人纯靠运气。对此，巴菲特说，或许如此，但我知道一些家伙，他们做到了，而且他们的成功不能简单地用随机因素来解释。

为了给那些持"幸运说"观点的人以公平的听证机会，巴菲特让所有现场的观众想象了一下，全美2.25亿人都参与了一场抛硬币比赛，每个人为自己猜正反面押注1美元。每一轮抛掷下来，猜错的人出局，猜对的人赢得筹码并进入下一轮。如此10轮之后，巴菲特解释，留下来的人有22万，每人手里拥有的筹码达到1024美元。又过了10轮，留下来的人还有215人，每人手里拥有100万美元。

说到这里，巴菲特继续指出，商学院的教授们在分析这场全国比赛后会认为，参与抛硬币比赛的胜出者并没有什么特殊技能，并会说这样的比赛很容易复制，找来2.25亿只猩猩进行同样的比赛，可以得到同样的结果。

为了一步一步建立起逻辑体系，巴菲特承认从统计学概率来说，即便在纯属偶然的情况下，猩猩们也可以得出同样的结果。但是，巴菲特让听众们想一想，假如获胜的215只猩猩中有40只来自同一家动物园，难道我们不打算问问饲养员，到底他给这些非常富有的猩猩喂了什么饲料吗？

巴菲特指出，关键在于，当某一特定区域发生了高度集中的事件时，这个地方就可能会发生非同一般的事情，值得进行一番调查。万一这个独特群体的共同之处不是来自一个特定的地区，而是来自同一个老师呢？——这是巴菲特要讲的关键。

由此，我们来到了巴菲特称之为"格雷厄姆－多德部落"的"知识部落"。在那场演讲中，巴菲特提到的故事都以一个个投资者为中心展开，这些投资者都有持续长期跑赢大盘的记录，不是因为运气好，而是因为他们都遵循了从同一源头学习到的原则，这个源头就是本杰明·格雷厄姆。

这些投资者中的每一位对抛硬币的叫法或许不同，巴菲特解释到，但是，他们有一个共同点，那就是他们都寻找并利用市场价格与内在价值之间的不一致。"毫无疑问，我们这些格雷厄姆－多德部落的投资者从不讨论β值、资本资产定价模型或回报协方差。"巴菲特说，"我们对这些毫无兴趣。实际上，这群人中的大多数对如何定义这些术语都存在困难。"

在一篇以1984年的这次演讲为基础的文章中，巴菲特列出了一张表格，展示了这些格雷厄姆－多德部落的"居民"令人印象深刻的投资业绩。[3] 时隔15年之后，重新审视那些运用格雷厄姆方法，并采纳了巴菲特有关集中投资于更少股票理念的投资者，我想一定会很有趣。我将这些人称为巴菲特部落的超级投资者：查理·芒格、比尔·鲁安、卢·辛普森，当然还包括巴菲特自己在内。从他们的投资业绩中，我们可以学到很多。但在开始我们的调查之前，让我们先看看第一位集中投资家。

约翰·梅纳德·凯恩斯

大多数人知道约翰·梅纳德·凯恩斯是因为他对经济学理论的贡献，然而，除了是一位伟大的宏观经济学思想家之外，凯恩斯还是一位传奇的投资家。他在管理切斯特基金上显示出非凡的投资技艺，该基金的记录可以在剑桥大学国王学院（King's College）找到。

1920年之前，国王学院的投资仅限于固定收益类证券。然而，1919年年底，当凯恩斯被任命为学院第二财务主管后，他说服校董们另外设立了一个新的基金，该基金的投资范围只包括普通股、货币和商品期货。这个新设立的基金就是后来的切斯特基金。自1927年凯恩斯被任命为第一财务主管后，直至1945年离世，他一直是这家基金的唯一负责人。

1934年，在格雷厄姆《证券分析》出版的同年，凯恩斯给他的同事写过一封信（详见第1章），在这封信里，他解释了自己为什么倾向于投资仅仅为数不多的公司。4年之后，他为切斯特基金准备了一份全面的政策报告，列出了他的投资原则：

▶ 严格筛选几家公司，考虑它们相对于未来几年可能的实际和潜在的内在价值，以及相对于当下可替代投资对象，是否便宜。

- 重仓，坚定持有这些股票，无论遇见怎样的艰难险阻，或许历尽数年，直到这样的一天到来：或是它们实现了当初的预期回报，或是当初的买入被证明是个错误。
- 建立一个平衡的投资持有仓位。尽管单个持股仓位较大，但风险具有多样性，如果可能，尽可能让不同的风险对冲。[4]

我对凯恩斯投资原则的解读是：他是一个集中投资家。他有意识地将自己的投资限制在几只精心挑选的、基本面经过仔细分析的、物有所值的股票上，其投资组合换手率极低，他意识到多元化分散风险的重要性。我相信，为了应对风险，凯恩斯的策略是专注于那些高质量、可预期、具有不同经济特征的企业。

凯恩斯的投资业绩表现如何？快速浏览表 3-1 之后，我们可以看出他挑选股票和管理组合的能力都极为出色。在这 18 年期间，切斯特基金取得了 13.2% 的年复合回报，相比之下，同期英国股市大盘基本上没涨没跌。考虑到这个时期发生的经济大萧条和第二次世界大战，我们必须承认凯恩斯的投资表现非同一般。

表 3-1　约翰·梅纳德·凯恩斯

年度	年度百分比变动（%）	
	切斯特基金	英国股市
1928	0.0	0.1
1929	0.8	6.6
1930	−32.4	−20.3
1931	−24.6	−25.0
1932	44.8	−5.8
1933	35.1	21.5
1934	33.1	−0.7
1935	44.3	5.3

(续)

年度	年度百分比变动（%）	
	切斯特基金	英国股市
1936	56.0	10.2
1937	8.5	−0.5
1938	−40.1	−16.1
1939	12.9	−7.2
1940	−15.6	−12.9
1941	33.5	12.5
1942	−0.9	0.8
1943	53.9	15.6
1944	14.5	5.4
1945	14.6	0.8
平均回报	13.2	−0.5
标准差	29.2	12.4
最差回报	−40.1	−25.0
最佳回报	56.0	21.5

即便凯恩斯的投资业绩表现非凡，但切斯特基金还是遭遇了一些痛苦时刻。有三个年头（1930年、1938年以及1940年），基金的净值跌幅不小，而且跑输英国股市大盘。"基金净值的涨跌幅度很大，非常明显，切斯特基金的波动大于整体股市。"[5] 的确，如果我们测量切斯特基金的标准差，会发现该基金的波动率是大盘的两倍半。毫无疑问，切斯特基金的投资人都经历"颠簸的旅行"。但是，就最终结果而言，切斯特基金以明显的优势大幅度胜出了市场。

考虑到凯恩斯宏观经济学家的背景身份，为了避免你认为他具有预测股市时机的本领，这里将他的投资原则多列几句。

"在股市周期中的不同阶段，整体而言，我们无法证明自己拥有利用股市的系统性趋势买进卖出股票的能力。在经历了许多之后，我很清楚出于各种原因大批量倒手的想法是不切实际的，而且也不会有理想的结果。那些打算高价卖出、低价买入或两者都想做的人，总是会晚一步，绝大多数拥有这类想法的人实际上承担了极大的交易成本，形成了投机心理，导致自己心神不宁。如果这种情形扩散开来，除了会对社会不利，还会加剧市场波动。"[6]

巴菲特合伙公司

1956 年，在本杰明·格雷厄姆解散自己的投资公司之后，沃伦·巴菲特回到奥马哈，在那里，他成立了自己的合伙投资公司，正如我们在第 2 章中看到的那样。成立之初，合伙公司总共只有 105 100 美元，其中包括巴菲特自己投入的 100 美元。他给自己设定了一个极具挑战性的目标：每年跑赢道琼斯工业平均指数 10 个百分点。后来的事实告诉我们，他不但达到了这个目标，而且做得更好。在这个合伙投资公司存续的 13 年历史中，其平均年回报比道琼斯指数高出 22%，而且从来没有任何一年亏损。到 1965 年，合伙公司的资金达到了 2600 万美元。

巴菲特合伙公司从 1957 年运营到 1969 年，每年的业绩表现如表 3-2 所示，这样既卓越又异常的业绩，简直是逆天的表现。卓越指的是巴菲特在这 13 年期间，平均击败道琼斯指数 22 个百分点；异常指的是巴菲特竟然在更小的业绩波动情况下，取得了这样的成绩。请注意表 3-2 中合伙企业标准差的数值低于道琼斯指数的标准差，标准差是波动的另一种衡量方式。巴菲特以他一贯的自嘲口吻平静地说："我认为不管以什么方法来衡量，这样的结果都是令人满意的。"[7]

表 3-2 巴菲特合伙公司

年度	年度百分比变动（%）	
	合伙公司	道琼斯工业平均指数
1957	10.4	−8.4
1958	40.9	38.5
1959	25.9	20.0
1960	22.8	−6.2
1961	45.9	22.4
1962	13.9	−7.6
1963	38.7	20.6
1964	27.8	18.7
1965	47.2	14.2
1966	20.4	−15.6
1967	35.9	19.0
1968	58.8	7.7
1969	6.8	−11.6
平均回报	30.4	8.6
标准差	15.7	16.7
最差回报	6.8	−15.6
最佳回报	58.8	38.5

他是怎么做到的呢？通常而言，集中投资的方式会伴随波动，但他是如何设法避免波动的呢？有两种解释：首先，可能是他持有股票的股价变动具有不同的风格。虽然，我可以肯定，他不会刻意构建一个低协方差的投资组合，但是，一个精心构建的具有经济多元化的投资组合可以平滑前进道路上的坑坑洼洼。另一种更有可能的解释是，巴菲特以认真且自律的方式，仅投资那些价格大大低于内在价值的股票，这就大大降低了股价继续向下的风险，留给合伙公司的都是向上的优势。

查理·芒格合伙公司

沃伦·巴菲特常常被称为世界上最伟大的投资家,这的确是实至名归。然而,这样杰出的投资业绩不仅来自巴菲特,也同样来自他聪明的顾问、伯克希尔副董事长查理·芒格。在我的另一本著作《巴菲特之道》中,有一个遗憾,那就是对芒格在巴菲特投资思想和伯克希尔财富中所扮演角色的重要性表述不足。尽管伯克希尔的投资表现归功于其董事长,我们却永远不应该忘记,芒格本人也是一位杰出的投资家。凡是参加过伯克希尔年会的股东,或者领略过《杰出投资者文摘》上芒格思想的人,都会意识到芒格是一位多么了不起的学者。

"我大约是在 1960 年遇见芒格的,"巴菲特说,"我告诉他,法律作为爱好是不错,但他可以做得更好。"[8] 芒格毕业于哈佛大学法学院,当时,他在洛杉矶的法律业务蒸蒸日上。然而,巴菲特说服了芒格进入投资行业,芒格的天赋得以发挥,他的投资表现可见表 3-3。"他的投资组合集中于少数几只股票,因此,他的业绩波动比较大。"巴菲特解释道,"但是,芒格的投资方式依然基于同样的价值折扣原则。"芒格也遵循格雷厄姆的方式,只关注那些股价低于内在价值的公司。"他愿意接受业绩起伏的高峰和低谷,他恰好就是那种倾向于集中的人。"

表 3-3 查理·芒格合伙公司

年度	年度百分比变动(%)	
	合伙公司	道琼斯工业平均指数
1962	30.1	−7.6
1963	71.7	20.6
1964	49.7	18.7

(续)

年度	年度百分比变动（%）	
	合伙公司	道琼斯工业平均指数
1965	8.4	14.2
1966	12.4	−15.8
1967	56.2	19.0
1968	40.4	7.7
1969	28.3	−11.6
1970	−0.1	8.7
1971	25.4	9.8
1972	8.3	18.2
1973	−31.9	−13.1
1974	−31.5	−23.1
1975	73.2	44.4
平均回报	24.3	6.4
标准差	33.0	18.5
最差回报	−31.9	−23.1
最佳回报	73.2	44.4

请注意，巴菲特并没有使用"风险"一词来描述芒格的投资表现。如果按照传统对于风险（价格波动）的定义，我们必须说芒格的合伙投资公司极具风险，因为以标准差来衡量，其风险几乎是市场的两倍。但是，以年平均回报高出市场18个百分点的结果击败大盘绝非一个爱冒风险者的作为，这只能说明芒格是一个精明的投资者，他专注于少数股价大大低于其内在价值的、表现出众的股票。

红杉基金

巴菲特初次遇见鲁安是在1951年，他们两个都在哥伦比亚大学参加了格雷厄姆的证券分析课。之后多年他们一直保持着联系，巴菲特也一直关注着鲁安的投资表现，心中充满敬意。当1969年巴菲特结束自己的合伙投资公司时，他找到鲁安，巴菲特后来回忆："我问鲁安是否愿意成立一个基金接手我们的这些合伙人，于是，他就成立了红杉基金。"

当时，他们两个都知道在那样的市场情况下成立一个新基金并非好选择，但是，鲁安还是毅然决然地起航了。当时的股市分为两个层面，大多数热钱都围着"漂亮50"（诸如大名鼎鼎的IBM和施乐）打转，所谓的"价值股"遭到抛弃，备受市场冷落。正如巴菲特所指出的那样，尽管在开始时价值投资者的相对表现并不尽如人意，"但我很高兴地看到我的合伙人不仅与他站在一起，而且还追加了资金，这令人感到惊讶，结果当然也令人非常满意"。[9]

红杉基金是第一只执行集中投资原则的基金，在这方面它是一个真正的先行者。我们有红杉基金公开的持股记录，它清楚地表明比尔·鲁安和他的合伙人里克·卡尼夫（Rick Cuniff）管理着一个高度集中、低换手率的投资组合。平均而言，红杉基金持有6～10家公司，在整个投资组合的仓位占比超过90%。即便如此，整个投资组合所覆盖的公司行业还是很多元化，过去如此，将来也会继续如此。鲁安多次指出，尽管红杉基金采用集中投资组合，但它涉及不同的行业，包括商业银行、制药、汽车和财产意外保险。

在很多方面，鲁安的观点在共同基金经理中都算是独树一帜的。一般而言，大多数投资管理都是对投资组合的构成以一个先入为主的观念为起始，然后往里填充不同的股票。而在鲁安－卡尼夫公司，他们会先挑选最具潜力的股票，然后以此为中心构建投资组合。

当然，挑选最具潜力的股票需要高水平的研究能力，在这一点上，鲁安 - 卡尼夫公司也有别于业内其他公司。这家公司在业内已经树立了行业标杆的形象，它有意回避华尔街专门给券商提供的研究报告，取而代之的是依靠自身深入的调查研究。鲁安曾经说过："我们不会专门为公司寻求什么特别的头衔，如果一定要有头衔的话，我的名片上应该写上'比尔·鲁安，研究分析师'。"

这种情况在华尔街非常罕见，鲁安解释说："在华尔街，从业者典型的成长路径是，人们从'分析师'开始其职业生涯，并被激励着有朝一日能晋升到更具声望的'基金经理'职位，那是一个与众不同的更高的职位。我们的看法与此相反，我们一直认为，如果你是一个长期投资者，分析师这个岗位至关重要，基金经理会水到渠成。"[10]

红杉这种独特的方式给公司的投资者带来的收益到底如何呢？表3-4显示了红杉基金从1971年到1997年的年度业绩表现。在此期间，红杉的年平均回报率为19.6%，同期标准普尔500指数的表现为14.5%。与其他集中投资风格的基金一样，红杉基金取得了超出平均的业绩表现，但是有稍微高一些的净值波动。同期，股市大盘的标准差（你应该记得，这是一种测量波动的衡量方式）是16.4%，红杉的是20.6%。有些人会将其称为风险，但考虑到鲁安 - 卡尼夫公司在选股方面的认真与勤奋，传统对风险的定义在这里并不适用。

表 3-4　红杉基金

年度	年度百分比变动（%）	
	红杉基金	标准普尔 500 指数
1971	13.5	14.3
1972	3.7	18.9
1973	−24.0	−14.8
1974	−15.7	−26.4
1975	60.5	37.2
1976	72.3	23.6
1977	19.9	−7.4
1978	23.9	6.4
1979	12.1	18.2
1980	12.6	32.3
1981	21.5	−5.0
1982	31.2	21.4
1983	27.3	22.4
1984	18.5	6.1
1985	28.0	31.6
1986	13.3	18.6
1987	7.4	5.2
1988	11.1	16.5
1989	27.9	31.6
1990	−3.8	−3.1
1991	40.0	30.3
1992	9.4	7.6
1993	10.8	10.0
1994	3.3	1.4
1995	41.4	37.5
1996	21.7	22.9
1997	42.3	33.4
平均回报	19.6	14.5
标准差	20.6	16.4
最差回报	−24.0	−26.4
最佳回报	72.3	37.5

卢·辛普森

1996年初,伯克希尔-哈撒韦完成了对GEICO公司的收购,GEICO当时是美国第七大汽车保险公司。这是一个长期的、利润丰厚的合作关系的顶点。

对于那些长期追随沃伦·巴菲特的人而言,GEICO是一个耳熟能详的名字,它在伯克希尔-哈撒韦有着令人尊重的崇高地位。1951年巴菲特被他的老师本杰明·格雷厄姆介绍到这家公司,当时格雷厄姆是GEICO的董事。认识GEICO的过程可以说显示了巴菲特真正的行事风格,在1月一个寒冷的星期六早晨,巴菲特专程前往的GEICO总部拜访,洛里默·戴维森(Lorimer Davidson)接待了他。后来一路做到了公司CEO的戴维森当时是公司的总裁助理,他给巴菲特上了一堂有关GEICO竞争优势的速成课。

返回奥马哈之后,巴菲特在父亲的证券经纪公司里工作,他全力以赴地为自己的客户买进GEICO的股票。为此,他甚至专门撰写了GEICO的研究报告,发表在《商业财经年鉴》(*The Commercial and Financial Chronicale*)上,题目是"我最喜欢的股票"。1951年年底,年轻的巴菲特将自己全部净资产的65%(1万美元)投入了GEICO。

20世纪70年代初期,GEICO遇到了麻烦。连续数年出售定价过低的保单导致公司产生亏损,几乎破产。然而,巴菲特运用自己的原则,毫无惧色。他信心满满地认为这家公司是一个基础稳健的公司,只不过暂时遇到了困难而股价打折,于是他开始买进GEICO。到1980年,通过伯克希尔-哈撒韦,巴菲特已持有

GEICO33%的股份，价值4570万美元。

与此同时，巴菲特还进行了另一项"收购"，这对GEICO的财务健康状况有着直接的积极影响。这次"收购"的对象是一个人，他的名字叫卢·辛普森。

辛普森是普林斯顿大学的经济学硕士，在被巴菲特于1979年吸纳进GEICO之前，他曾经在Stein Roe & Farnham和Western Asset Management两家公司工作过。在回忆当时面试的情形时，巴菲特记得辛普森具有"做投资的理想品质"。[11] 根据他的回忆，辛普森是一个独立思考的人，他对自己的研究深具信心，"对于大众潮流没有特别的兴趣"。

辛普森是一位如饥似渴的阅读者，他对华尔街的研究报告视而不见，取而代之的，是深入研究公司年报。他的选股流程与巴菲特类似，他只买那些由可靠能干的管理层掌管、具有高回报、价格合适的股票。辛普森还在其他方面与巴菲特有共同之处，他的投资组合仅集中于少数几只股票，GEICO数十亿的股票投资组合通常持股不超过10只。

自1980年到1996年，GEICO的投资组合年平均回报率为24.7%，同期股市年平均回报率为17.8%（见表3-5）。对此，巴菲特称赞道："这不仅仅是完美的数字，更为重要的是，这些成绩是以正确的方法得到的。辛普森坚持不懈地投资那些被低估的普通股，就个股而言，不可能产生永久性损失，就整体而言，几乎没有风险。"[12] 这再一次说明，在巴菲特心中对风险的评估与价格波动无关，风险取决于所持个股随时间推移能够产生利润的确定性。

表 3-5 卢·辛普森，GEICO

年度	年度百分比变动（%）	
	GEICO	标准普尔 500 指数
1980	23.7	32.3
1981	5.4	−5.0
1982	45.8	21.4
1983	36.0	22.4
1984	21.8	6.1
1985	45.8	31.6
1986	38.7	18.6
1987	−10.0	5.1
1988	30.0	16.6
1989	36.1	31.7
1990	−9.1	−3.1
1991	57.1	30.5
1992	10.7	7.6
1993	5.1	10.1
1994	13.3	1.3
1995	39.7	37.6
1996	29.2	37.6①
平均回报	24.7	17.8
标准差	19.5	14.3
最差回报	−10.0	−5.0
最佳回报	57.1	37.6

①此处疑原书有误，应该为 22.9%。

辛普森的投资表现和风格完全与巴菲特的思维方式相吻合。"辛普森采取的一些保守、集中的投资方法，与我们在伯克希尔所采用的一样，他加入董事会为我们增加了巨大的优势。"巴菲特说[13]，他对辛普森赞赏有加，"我几乎从来不让他人插手资金管理和我们控股企业的管理，但是，辛普森是个例外。"[14] "如果芒格和我发生了不测，那么他的出现确保了伯克希尔可以立刻有杰出的专业人士接手管理投资事宜。"[15]

凯恩斯、巴菲特、芒格、鲁安，显而易见，这些巴菲特部落的超级投资家具有共同的投资知识路径，他们一致认为，减少风险的方法是只买那些具有高度安全边际（指公司内在价值与当时市场股价之间的有利差异）的股票。他们也相信，将投资组合的持股集中于少数高概率对象上，不仅可以减少风险，而且有助于获得高于市场平均水平的回报。

当然，当我们提到这些成功的集中投资家时，很多人依然会存有疑虑：或许这样的成功是基于他们之间紧密的职业关系。但是，这些投资者所选择的股票并不相同，巴菲特并不持有芒格持有的股票，芒格并不持有鲁安持有的股票，鲁安并不持有辛普森持有的股票，也没有人持有凯恩斯持有的股票。

好吧，怀疑论者会说，你们仅举出了这5个集中投资的例子，仅观察5个对象不足以得出统计学上有意义的结论。在一个有数千名基金经理的行业里，5个成功案例可能仅仅是随机的偶然现象。

有人认为这5位巴菲特部落的成功投资家只不过是统计偏差而已，为了驳斥这种观点，也为了足够公平，我们需要在更大的范围内进行测试。不幸的是，我们并没有一个集中投资的大型数据库进行研究，那么，我们如何推进这项测试呢？答案是：通过走进统计实验室，设计一个拥有12 000个投资组合的世界。

3000个集中投资者

利用普通股投资回报的计算机统计数据库，我们挑选出1200家数据可以测量的公司，这些数据包括公司从1979年到1986年的营业收入、净利润、净资产收益率等[16]。然后，我们用计算机随机从这1200家公司中进行挑选，形成不同规模的12 000种不同的投资组合。

1. 包括250只股票的3000种投资组合。
2. 包括100只股票的3000种投资组合。
3. 包括50只股票的3000种投资组合。
4. 包括15只股票的3000种投资组合。

接下来，我们分别计算每一组中每一种投资组合的平均年收益率，分为两个时间段：10年和18年，将其回报分布画成图形，分别见图3-1和图3-2。然后，我们将这四组回报数据与股市大盘进行比较，这里使用同期的标准普尔500指数代表大盘。从这些数据中，我们总结出一个关键的结论：在这些分组案例中，将组合中的持股数量减少，反而能提升产生高于市场的回报的概率。

让我们再进行深入一点的观察，从为10年期的图3-1开始。四组投资组合的平均回报率均接近13.8%，而同期的标准普尔500指数的平均回报率要略高一些，达到了15.2%。请在心中记住两点：标准普尔500指数是一个以那些最大型的公司为主、按照权重编制的指数；我们考虑的时间恰好是这些大型公司股票特别好的时候。在研究中，我们编制的投资组合持股权重都是一样的，它们既包括大型公司，也包括小型和中型公司。所以，我们可以说这四组"实验室"里的投资组合的表现几乎与大盘同步。

当我们观察持股最少组/持股最多组——表现最差和表现最佳的投资组合时，这项实验开始变得更加有趣，我们发现：

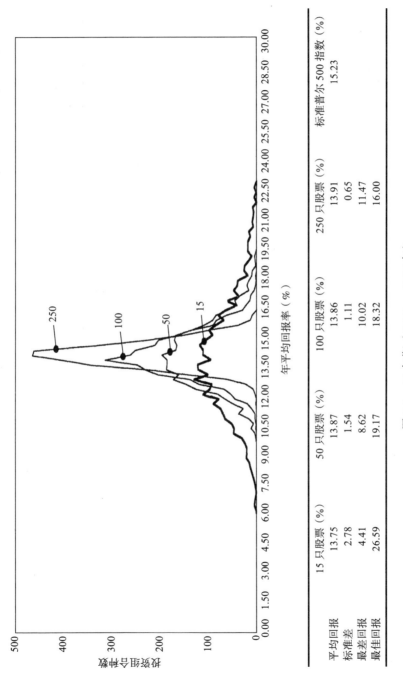

图 3-1 10 年期（1987～1996 年）

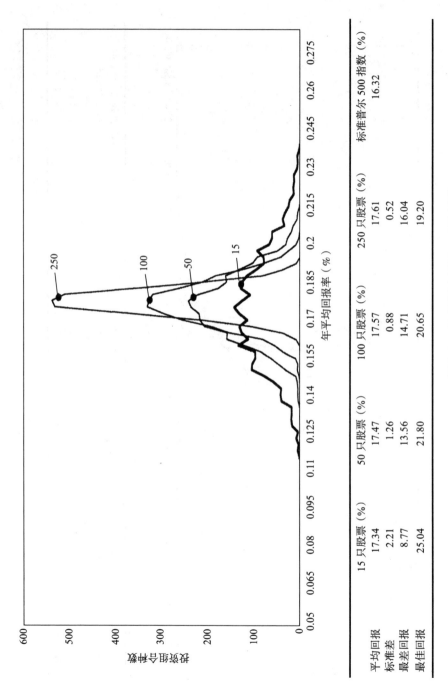

	15只股票 (%)	50只股票 (%)	100只股票 (%)	250只股票 (%)	标准普尔500指数 (%)
平均回报	17.34	17.47	17.57	17.61	16.32
标准差	2.21	1.26	0.88	0.52	
最差回报	8.77	13.56	14.71	16.04	
最佳回报	25.04	21.80	20.65	19.20	

图3-2　18年期（1979～1996年）

- 在由 250 只股票组成的投资组合中，最佳回报为 16.0%，最差回报为 11.5%。
- 在由 100 只股票组成的投资组合中，最佳回报为 18.3%，最差回报为 10.0%。
- 在由 50 只股票组成的投资组合中，最佳回报为 19.1%，最差回报为 8.6%。
- 在由 15 只股票组成的投资组合中，最佳回报为 26.6%，最差回报为 4.4%。这组研究的是集中投资组合，只有这组的最佳回报远远高于标准普尔 500 指数。

同样类似的趋势在更长的时间段（18 年）里（见图 3-2）也被发现。小型的投资组合比大型的投资组合表现出"高的更高、低的更低"的现象。这些结果告诉我们两个无法忽略的结论：

- 凭借一个集中投资组合，你会有更大的机会跑赢大盘。
- 凭借一个集中投资组合，你也会有更大的机会跑输大盘。

为了帮怀疑论者加深第一个结论的印象，我们在将 10 年期数据分门别类时，发现了一些令人印象深刻的统计结果：

- 在 3000 种持有 15 只股票的投资组合中，有 808 种投资组合跑赢了大盘。
- 在 3000 种持有 50 只股票的投资组合中，有 549 种投资组合跑赢了大盘。
- 在 3000 种持有 100 只股票的投资组合中，有 337 种投资组合跑赢了大盘。
- 在 3000 种持有 250 只股票的投资组合中，有 63 种投资组合跑赢了大盘。

我相信这是令人信服的证据，它们表明：投资组合持股数量越少，跑赢大盘的概率越大。如果你拿着持有 15 只股票的组合，你就有 1/4 的机会跑赢大盘；如果你拿着持有 250 只股票的组合，你跑赢大盘的机会是 1/50。[17]

另外一个重要的考量是：在我们的研究中，我们没有计入交易成本的影响。很明显，一个投资组合的换手率越高，成本也就越高。如果这些现实中的交易成本被包含在我们的图中，年回报曲线就会向左移动，使得跑赢大盘变得更加困难。

前述第二个结论直截了当地强调了睿智选择股票的重要性。巴菲特部落的超级投资者都是超级选股好手，这并非巧合。如果你没有挑选到对的公司，你的落后表现也将会非常引人注目。然而，我们认为这些超级投资者之所以取得了超级回报，是因为他们采取了集中投资法，在最好的投资标的上押了大注。这一点，在我们接下来分析伯克希尔－哈撒韦的普通股投资组合时会变得更加清晰。

伯克希尔－哈撒韦

过去的 33 年（1965～1997 年），伯克希尔－哈撒韦的每股账面价值以年均 24.9% 的速度增长，这个速度几乎是同期标准普尔 500 指数的两倍（见表 3-6）。按照这个速度，伯克希尔的每股账面价值每 2.9 年就会翻一番。现在，你知道为什么伯克希尔有那么多百万富翁了吧，他们以超越平均值的复利增长速度维持财富的增长长达 30 年。

表 3-6 伯克希尔－哈撒韦公司

年度	年度百分比变动（%）	
	伯克希尔每股账面价值	标准普尔 500 指数
1965	23.8	10.0
1966	20.3	−11.7
1967	11.0	30.9
1968	19.0	11.0
1969	16.2	−8.4
1970	12.0	3.9
1971	16.4	14.6
1972	21.7	18.9
1973	4.7	−14.8
1974	5.5	−26.4
1975	21.9	37.2
1976	59.3	23.6
1977	31.9	−7.4
1978	24.0	6.4
1979	35.7	18.2
1980	19.3	32.3
1981	31.4	−5.0
1982	40.0	21.4
1983	32.3	22.4
1984	13.6	6.1
1985	48.2	31.6
1986	26.1	18.6
1987	19.5	5.1
1988	20.1	16.6
1989	44.4	31.7
1990	7.4	−3.1
1991	39.6	30.5
1992	20.3	7.6
1993	14.3	10.1
1994	13.9	1.3
1995	43.1	37.6
1996	31.8	23.0
1997	34.1	33.4

(续)

年度	年度百分比变动（%）	
	伯克希尔每股账面价值	标准普尔 500 指数
平均回报	24.9	12.9
标准差	13.0	16.4
最差回报	4.7	−26.4
最佳回报	59.3	37.6

　　账面价值是一个很好的衡量一家公司长期表现的指标，但是，它混淆了我们对于投资组合管理的分析。伯克希尔的账面价值不仅包括持有的股票，还包括固定收益类投资以及控股企业。这些混在一起计入伯克希尔账面价值表现的有喜诗糖果（See's Candy Shop）、内布拉斯加家具店（Nebraska Furniture）、布法罗新闻报（Buffalo News）、飞行安全公司（Flight Safety）以及思考特·费泽公司（Scott Fetzer）的账面价值。如果我们抛开所有这些非普通股投资，进一步单独分析伯克希尔权益类的投资组合，我们会发现什么呢？结果足以令人目瞪口呆。

　　为了进行这项分析，我们将伯克希尔的权益类投资组合从公司 1988～1997 年的年报中剥离出来（见表 3-7）。我们的研究仅限于伯克希尔列出的主要持股公司，不包括列在"其他普通股持股"项目下不知名的部分，因为我们无法明确这部分具体的持股情况，而且它们所占的比例也不大，将这部分因素剔除对最终结果并不会产生实质性的影响。另外需要提醒的一点：伯克希尔公布持股信息的时间在每年的年底。为了便于我们的分析，我们假设伯克希尔在 1 月 1 日就持有了这些股票。尽管假设巴菲特全年持有这些股票是不正确的，然而，很多股票的持股都是跨年度的，而我们分析的期限跨越了 10 年，我相信这种偏差不会太大。

在过去的10年中,我有兴趣了解伯克希尔主要持股投资组合的回报情况,表3-7显示出其年平均回报率为29.4%,远远超过同期标准普尔500指数的18.9%。

表3-7 伯克希尔权益类投资组合年报

年度	权益类投资组合回报(%)	均等权重回报(%)	2%权重回报(%)	标准普尔500指数回报(%)
1988	11.9	11.0	16.0	16.6
1989	53.1	38.3	32.3	31.7
1990	2.7	-9.8	-3.9	-3.1
1991	55.5	52.7	33.5	30.4
1992	24.2	31.1	11.4	7.6
1993	11.7	19.5	11.6	10.1
1994	15.3	8.0	2.6	1.3
1995	43.6	43.2	38.3	37.6
1996	37.5	29.6	24.0	23.0
1997	38.5	46.1	35.4	33.4
年平均回报	29.4	27.0	20.1	18.9

大多数长期追随沃伦·巴菲特的人都知道他在投资可口可乐上获得的巨大成功,多年以来,他在可口可乐上下了大注,回报丰厚。1988年,当巴菲特开始购买该股时,可口可乐占伯克希尔仓位的20.7%。从1991年到1997年,可口可乐的仓位占比从34.2%提升到43%(见附录A表A-1到表A-10)。那么,从1988年到1997年,可口可乐在这10年间的表现如何呢?回报几乎是大盘的两倍:平均回报为34.7%,而大盘是18.8%。可见,以可口可乐为中心,集中重仓持有给巴菲特带来了巨额回报。他在高概率事件上下了重注。

如果巴菲特没有下重注，而是将自己的仓位每年平均分配到每只股票上，结果会怎样呢？为了保持这样的均等仓位分配，当该股上涨时，他必须卖出一些，使之与其他持仓保持一致。在均等持仓的基础上，伯克希尔投资组合的回报率是27.0%，比集中投资法低了近2.5个百分点。

让我们进行最后一步的分析，假设巴菲特不采取集中投资法，而是持有更为广泛的50只股票。让我们进一步假设，伯克希尔主要持仓（见附录A表A-1到表A-10）中的每一只股票都占2%的比重（共50只股票），其余的部分产生的回报与大盘同步。即便这一虚拟组合的表现或许不会比大盘好，但也不会比大盘糟。这个虚拟的投资组合由伯克希尔的库存股票和可变现股票组成，所有的股票都占2%的比重，其结果显示可以在上述同期获得20.1%的年回报率，仅仅比大盘高出1.2个百分点。

回顾上述结果，我们可以很容易地看到，持股集中的集中投资法获得了最佳回报。均等持股的方法虽然也可以战胜市场，但是其回报比集中投资法低不到2.5个百分点。最后，虚拟的持股50只股票的投资组合，尽管以些许优势跑赢市场，但在三者之间表现最差，较之原先的良好收益低了近9个百分点。

正如我们之前对有15只、50只、100只、250只不同股票的投资组合进行的分析一样，这项练习是为了说明集中持有那些高成功概率股票的集中投资法可以提供最佳回报。相反，盲目地将投资组合均等扩展至覆盖更多股票的企图，会将回报拉低至接近大盘的水平。当你减掉股票交易佣金和成本之后，你就会明白，在持有数百只股票并且不停地买进卖出时，战胜市场是一件多么困难的事。

地平协会

在 1984 年哥伦比亚大学的演讲中,沃伦·巴菲特提到了一个具有讽刺意味的观察,如果每个人都同意他的观点,并将投资风格转换为集中投资法,那么他将会丧失一些自己的优势,因为如果大家都采取同样的风格,就会缩小价值与价格之间的差距。但他迅速补充到,经验显示这种情况不会发生。

巴菲特说:"自从本杰明·格雷厄姆和戴维·多德撰写《证券分析》之后,这个秘密公之于众已经有 50 年之久,我运用这种价值投资方法已有 35 年之久,然而,我发现价值投资从来没有蔚然成风。看来人性中有偏执的一面,就是喜欢将简单的东西复杂化。"[18]

他或许是对的。演讲过去了 15 年,集中投资法依然没有蔚然成风的迹象。你也许还记得,为了有足够多的观察案例在统计学上支持论点,我们不得不在计算机实验室里人为地设计投资组合实验。

也许,正如巴菲特所言,我们已经"从价值投资的教育阵地上撤退了……这种情形可能会继续下去。尽管轮船依然会环游世界,但地平协会也依然会继续繁荣下去。在市场上,价值与价格之间巨大的差距会继续存在,那些信奉格雷厄姆和多德的人会继续发财"。[19]

| 第 4 章 |

一种衡量业绩更好的方法

  当股票价格受到华尔街"羊群"效应影响时，股价经常被那些最情绪化的人、最贪婪的人或是最沮丧的人推向边缘，因此，很难说市场价格总是理性的。实际上，市场价格经常是荒谬的。

——沃伦·巴菲特

假如巴菲特是对的，假如市场价格经常是荒谬的，那么，使用股价作为衡量投资表现的唯一指标，就实在是太愚蠢了。我们整个行业都患上了股价近视症。如果一只股票的价格上涨，我们就会认为有好事发生；如果股价开始下跌，我们就会认定发生了什么坏事，并做出相应的举动。但是，如果价格并非总是理性的，而我们以其涨跌作为行动的依据，那么，我们会是完全理性的吗？

另一个愚蠢的习惯大大恶化了这一情况，对这个难题起到了推波助澜的作用：以非常短期的价格表现来衡量业绩。巴菲特或许会说，人们不仅在用错误的依据（价格）来衡量业绩，而且查看得过于频繁，如果对看到的数字不满意，人们就会频繁地跳来跳去。

这种双重愚蠢——价格取向和短期心态，是一种有缺陷的思维方式，但这种思维方式存在于我们企业界的各个层面上。正是这种双重愚蠢的存在，使得一些人每天查看股价行情，天天给他们的股票经纪人打电话下单买卖，他们的电话是如此频繁，以至于经纪人的电话号码经常处于一键快拨的状态。这也是那些掌握数十亿美元的机构投资者，也经常处于随时准备买入或卖出状态的原因。那些经常更新组合中股票的基金经理出于同样的原因，换手频率高得令人晕眩——他们认为这就是自己的工作。

令人惊异的是，当市场行情开始摇摇欲坠的时候，同样是这群基金经理会首先安抚客户，让客户保持冷静。他们会发出安慰信，对坚忍不拔的美德大加赞赏。为什么这些基金经理们自己言行不一呢？

在基金管理行业中我们很容易看到这样的矛盾，因为基金经理的行为会被完全记录在案，处于财经媒体的仔细监察之中。加上可以便利地获得很多信息，加上对于基金的熟悉和了解，我相信通过观察基金的运行，我们可以知道以价格变动作为衡量手段是多么的愚蠢。

共同基金的双重标准

约瑟夫·诺塞拉（Joseph Nocera）在1997年年底的《财富》杂志上撰文指出，共同基金的基金经理们向投资人推荐"买进并持有"的投资方式，而他们自己却不停地更新自己管理的投资组合——买进卖出，买进卖出，再买进再卖出，这些人的言行明显不一致。为了强调他对这种双重标准的观察，诺塞拉引用晨星公司唐·菲利普的话说："基金这个行业所做的事与他们告诉投资人的事，两者之间没有任何联系。"[1]

那么，一个显而易见的问题产生了：如果投资者被告知买进并持有是明智的，为什么基金经理们每年却不停地买进卖出？诺塞拉说，答案是"基金行业的内在动力使得基金经理无法超越短期"。[2] 为什么呢？因为基金行业已经变成了一个毫无意义的"看谁短线最好"的游戏，完全按照股价来衡量业绩。

如今，基金经理的肩上承担了太多压力，这迫使他们在短期实现耀眼的业绩以博人眼球，这些短期表现可以吸引很多人的注意力。每隔3个月，一些领先的财经媒体，例如《华尔街日报》《巴伦周刊》等，就会公布本季度共同基金的表现排名。那些在过去3个月中表现最好的基金会荣登榜单前列，并在电视、报纸上被财经评论员大加赞赏，基金也会自吹自擂、大肆宣传，吸引一群新投资人蜂拥而至。那些等着看哪个基金经理是高手的投资者，在看到排名后就会猛扑上来。的确，季度表现排名越来越多地被用来鉴别谁是天才基金经理，谁是平庸基金经理。

以短期价格表现作为衡量方法的固定刻板方式，在共同基金领域里极其明显，且不局限于这个领域，它主导了我们整个行业的思维。我们没有一个以长期表现衡量基金经理人的环境，甚至那些自己投资操盘管理自己投资的人也受到了这种不健康环境的传染。在很多方面，我们已经成为市场营销机器的奴隶，但是所有的保证都表现不佳，这就陷入了一个恶性循环，似乎没有办法摆脱出来。但是，正如我们所知道的，有一种方法可以改善投资表现。具有残酷和讽刺意味的是，最有可能产生长期高于平均回报的投资策略，与我们评价业绩表现的方式（一种是共同基金的方式，一种是我们自己的方式）格格不入。

乌龟与兔子

1986 年，哥伦比亚大学商学院毕业生、美国信托基金经理尤金·沙汉（V. Eugene Shahan）在巴菲特发表了那篇著名的演讲"格雷厄姆-多德部落的超级投资者"之后，写了一篇后续文章，题为《短期表现与价值投资真的水火不容吗？》，沙汉提出了一个和我们现在想问的一模一样的问题：基于短期的表现，怎样衡量一位基金经理的能力才合适？

他注意到，除了巴菲特本人之外，很多被巴菲特描述为"超级投资者"的人，尽管他们都具有无可否认的技能、无可否认的成功，但他们都曾面临过短期表现不佳、跑输市场的阶段。在资产管理行业版本的龟兔赛跑中,沙汉点评道:"这或许是另一个生活中的讽刺现象,那些主要关注短期表现的投资者也许能达到目的,但这是牺牲长期利益的结果。格雷厄姆-多德部落里,那些取得杰出投资业绩的超级投资者们完全不理会短期的表现。"[3] 他指出,在当今共同基金投资的比赛中,很多格雷厄姆-多德部落的超级投资者会被人视而不见。

同样的情况也发生在巴菲特部落的超级投资者身上,发生在我们在第3章中提到的5位集中投资者身上,表4-1显示他们都经历过为期数年苦苦奋斗的艰难时刻。只有巴菲特,没错,只有巴菲特独自一人在这场业绩比赛中毫发无损(见表4-2)。

表4-1 巴菲特部落的超级投资者(一)

	业绩表现年份数	业绩跑输大盘的年份数	跑输比例(%)
凯恩斯	18	6	33
巴菲特	13	0	0
芒格	14	5	36
鲁安	27	10	37
辛普森	17	4	24

表4-2 巴菲特部落的超级投资者(二)

	连续跑输标准普尔500指数的年份数
凯恩斯	3
巴菲特	0
芒格	3
鲁安	4
辛普森	1

约翰·梅纳德·凯恩斯管理切斯特基金18年,其中有1/3的时间跑输大盘。他管理的最初3年,业绩落后大盘18个百分点(见表4-3)。

表 4-3　巴菲特部落的超级投资者（三）

	跑输指数期间最糟糕的业绩表现（%）
凯恩斯	−18
巴菲特	不适用
芒格	−37
鲁安	−36
辛普森	−15

同样的故事也发生在鲁安的红杉基金身上，在衡量期间里，红杉基金有 37% 的时间跑输大盘（见表 4-1）。像凯恩斯一样，鲁安在开始时也是困难重重："连续数年，我们经常是倒数第一。我们选择在 20 世纪 70 年代中期开始红杉的事业简直是瞎了眼，以至于连续 4 年都跑输标准普尔 500 指数，备受煎熬。"到了 1974 年，红杉基金跑输市场已经达到了惊人的 36 个百分点。"我们躲在办公桌下面，不敢接电话，我们也想知道暴风雨能否过去。"[4] 暴风雨终于过去了，到了 1976 年年底，以五年半为期，红杉基金领先市场 50%。到了 1978 年，红杉基金累计回报率为 220%，而同期标准普尔 500 指数仅为 60%。

即使是查理·芒格也无法避免集中投资道路上的颠簸动荡。在 14 年的投资管理过程中，芒格 36% 的时间跑输市场。正如其他集中投资者一样，芒格遭遇了一连串的坏运气，从 1972 年到 1974 年，他落后于大盘 37 个百分点。至于卢·辛普森，在长达 17 年的投资管理期间，他有 4 年，即 24% 的时间落后于市场，他最糟糕的年度表现是跑输市场 15 个百分点。

在分析我们的集中投资实验室里的投资组合时，我们也发现了同样的趋势（见表 4-4）。在 3000 种持有 15 只股票的投资组合中，以 10 年为期（1987～1996 年），有 808 种投资组合跑赢了市场。然而，在这 808 个赢家中，有 97% 都遭遇过一段跑输市场的经历——有的是 4 年，有的是 5 年，有的是 6 年，甚至有的在 10 年中有 7 年跑输。这些结果令人感到震惊。

表 4-4　集中投资组合（15 只股票）——10 年数据（1987~1996 年）

跑赢/跑输的标准普尔500 指数的年份数	投资组合数量	占总数百分比（%）
10/0	0	0.00
9/1	1	0.12
8/2	20	2.48
7/3	128	15.84
6/4	272	33.66
5/5	261	32.30
4/6	105	13.00
3/7	21	2.60
2/8	0	0.00
1/9	0	0.00
0/10	0	0.00

在当今的环境里，大家都只关注 1 年的投资业绩表现，如果凯恩斯、芒格、辛普森和鲁安这些投资大师在今天的环境中开始他们的职业投资生涯，你能想象会遇到什么情况吗？他们可能会因为造成客户的巨大损失，早早就被炒鱿鱼了。然而，既然运用集中投资策略就意味着有些时候必须忍受数年的业绩低潮，我们就遇到了一个真正棘手的问题：如果以价格表现作为唯一的衡量方法，对于一位经历了 1 个糟糕年份（或连续 3 个糟糕年份）的基金经理，或对于一个一开始就遭遇一连串糟糕年份的基金经理，我们如何分辨出他最终能否在长期的投资中胜出呢？说实话，我们无法分辨。

这并不是说我们没有尝试过，我们试过了，但的确无法分辨。

学术界和研究人员投入了大量精力试图判断哪一位基金经理的策略可以长期跑赢市场。在过去的几年中，声望显赫的《金融杂志》(Journal of Finance) 刊登了一些著名大学教授的研究报告，所有的研究报告都提出了同样的问题：有没有一种衡量共同基金表现的模式？这些教授一起进行了大量的学术研究和数据分析，但是，他们未能得到一个完美的答案。

在这些研究中，有四项研究与一个学术术语有关，这个术语就是持续性。这个词用于描述投资者对于选择近期业绩表现最好的基金的偏好，他们相信一个基金经理过往的业绩记录是衡量其未来表现的一个指标。这就形成了一种自我实现的动力，使得今年的资金会流向过去几年表现不错的头部基金。当这种动力的测量以 1 年为单位时（通过投资过去一年的赢家以希望选中下一年的赢家），我们称其为"热手"㊀效应。这种"热手"效应就是试图通过观察近期业绩，从而判断在不久的将来谁是赢家的一种方式。这种方法是否有效？这正是上述研究试图解决的问题。

在南加州大学工商管理学院的马克·卡哈特（Mark Carhart）和普林斯顿大学的伯顿·马尔基尔（Burton Malkiel）分别进行的两个不同的研究中，他们没有发现持续性和未来表现之间存在任何显著的相关性。[5] 在第三项研究中，三位来自哈佛大学约翰·F. 肯尼迪政府学院的教授达里尔·亨德里克斯（Darryll Hendricks）、杰恩杜·帕特尔（Jayendu Patel）、理查德·泽克豪泽（Richard Zeckhauser）在观察了 15 年的数据之后，得出的结论是：买进本

㊀ 也就是炙手可热的意思。——译者注

年度"热手"的基金并不能保证它在下一年度还是"热手"的基金。[6] 来自纽约大学斯特恩商学院的斯蒂芬·布朗和来自耶鲁大学管理学院的威廉·戈茨曼得出的结论是:所谓持续性,更多的是一种策略的共性而已。换言之,在任何一组"热手"的基金里,我们都会发现有不止一位基金经理采用相同的策略。[7]

尽管这些研究工作是各自独立进行的,但这些学术界人士最终得到的结论是相同的:似乎没有任何明显的证据可以帮助投资者选定下一年度的最佳基金。当以股价的表现来定义"热手"时,投资者就会从一只"热手"的基金跳到另一只,这样的方式对累积财富而言,没有任何帮助。

我们可以想象巴菲特对这些学术研究成果的看法。对他而言,故事的寓意很清楚:我们必须放弃以股价作为唯一衡量手段的执念,我们必须打破事与愿违的短线评判习惯。

但是,如果股票的价格不是最佳的衡量标准,我们应该用什么替代呢?"没有标准"当然不是一个好答案。即便是"买入并持有"策略也不推荐我们不分青红皂白地闭着眼不看。我们必须找到一个衡量投资表现的标准,幸运的是,这里真有一个,也是巴菲特用来评判自己的投资表现和伯克希尔-哈撒韦运营表现的基石。

可替代的衡量表现的标准

沃伦·巴菲特曾经说过,他"不在乎股市关闭一两年。毕竟,股市每周六、周日都会闭市,这不会对我造成什么困扰"。[8] 当然,"一个交易活跃的股市是有用的,因为,它时不时地会给我们提供令人垂涎的机会。"巴菲特说,"但这绝不意味着它重要到了不可或缺的程度。"[9]

为了全面理解上述这段话的意思,你需要认真想一想巴菲特的下面这段话:"我们持有的股票长时间无法交易,不会比 World Book 或 Fechheimer(伯克希尔-哈撒韦的两家子公司)缺乏每日报价更让我们烦恼。最终,我们的经济命运将由我们拥有的企业的经济命运所决定,无论我们是持有部分股票(表现为在股市上的持股)还是全部股票。"[10]

如果你拥有一家企业,但并没有这家企业每天的报价用以衡量公司的表现,你如何判断它的发展状况呢?很有可能的是,你会看看它的净利润增长情况、运营利润率的改善情况或资本支出的减少情况。你会简单地让企业的这些经济情况告诉你,你所拥有的这家企业的价值是上升了还是下降了。在巴菲特的心中,衡量一家未上市公司的表现与衡量一家上市公司的表现所采取的方式没有什么不同,如同测试酸碱度可以使用同样的石蕊⊖试纸一样。

"对于我们持股的公司,芒格和我通过他们的运营结果,而不是通过每天甚至每年的报价来知晓我们这些投资成功与否。"巴菲特解释道,"股市对企业运营的成功或许会忽略一段时间,但终究会予以肯定。"[11]

但是,我们是否可以指望市场对我们的正确选择予以奖励呢?我们是否能找到一家公司,其运营收益与未来股价之间存在非常强的相关性呢?答案显然是肯定的,如果时间足够长的话。

⊖ 一般情况下,石蕊是一种遇酸变红而遇碱变蓝的物质。——译者注

利用由 1200 家公司构成的实验室投资组合，我们可以很容易地观察到，在不同时间段展示出来的回报与股价之间的关系（有关相关性的细节请见附录 B 中的表 B-1 到表 B-5）。简而言之，当我们设定参数，希望发现价格与利润之间到底有着怎样紧密关系时，我们发现，时间跨度越大相关性越强。

- 如果持股期为 3 年，相关系数就是 0.131 ~ 0.360（0.360 的相关系数意味着 36% 的价格变动可以由利润的变动来解释）。
- 如果持股期为 5 年，相关系数就是 0.374 ~ 0.599。
- 如果持股期为 10 年，相关系数就是 0.593 ~ 0.695。
- 如果持股期为整个 18 年，利润与股价的相关系数就是 0.688——这表明两者之间存在显著的相关性。

这也证实了巴菲特的观点，只要有足够长的时间，强大的企业终会拥有强大的股价。但是，他也谨慎地表示，从利润到股价的传导效应是"不均衡的"和"无法预测的"。"尽管从长期的角度来看，市场价格可以很好地追踪企业价值，"巴菲特说，"但在任一特定的年度，这种关系可能是随意扭曲的。"[12] 65 年前，本杰明·格雷厄姆告诉了我们同样的经验："短期而言，市场是一台投票机；长期而言，市场是一台称重机。"[13]

有一点非常清楚，巴菲特并不需要市场来判断自己的行为是否正确。他说："一个企业的成功被认可的速度并不重要，只要公司的内在价值以令人满意的速度上升就可以了。实际上，这种被认可速度的延迟是有好处的，它可能让我们有机会以低于内在价值的价格买入更多的好东西。"[14]

透视盈余

为了帮助股东认识伯克希尔-哈撒韦投资的大量普通股股票的价值，巴菲特发明了一个术语——透视盈余。伯克希尔的透视盈余由几部分组成：旗下各类企业（各个子公司）的运营利润、其大量普通股投资的留存收益，以及如果留存收益真的被派发出来可能产生的税收优惠。

留存收益是一家公司年度利润中没有以分红的形式派发给股东而被再投入公司的那一部分。伯克希尔持有的很多公司都拥有巨大的留存收益，这些公司有可口可乐、联邦住房贷款抵押公司（房地美）、吉列、华盛顿邮报以及其他公司，留存收益总额到1997年达到了7.43亿美元。现在，根据一般公认会计原则（GAAP），伯克希尔不能在自己的财报中报告这些留存收益。尽管如巴菲特指出的，这些留存收益价值明显。

透视盈余这个概念最初是巴菲特为了让伯克希尔股东更了解自己公司的价值而想出来的主意，对于寻找一种方法去理解其投资组合价值的集中投资者而言，这也是一个重要的概念，因为股价经常与其所代表的经济基本面相脱离。巴菲特说："每一个投资者的目标都应该是构建一个投资组合（实际上，就相当于一家'公司'），从现在起到未来的10年，它可以给投资者提供最高的潜在透视盈余。"[15]

根据巴菲特的表述，自1965年（巴菲特接手伯克希尔那年）以来，公司透视盈余几乎与其证券市值同步增长。然而，这两者之间并非总是步调一致。在很多情况下，透视盈余会走在股价之前（当本杰明·格雷厄姆提到的著名的"市场先生"情绪不佳的时候)。在另外一些情况下，股价会远远将盈余数字抛在身后（当"市场先生"情绪高亢无可抑制的时候）。重要的是，我们应该记住这种关系会一直存在。巴菲特指出："这种方式将迫使投资者思考企业的长期前景，而不是短期的市场表现。一个思路的转换可能会得到结果的改善。"[16]

巴菲特的量尺

每当巴菲特考虑新增一项投资时，他首先会回顾一下自己已有的投资，进行比较，以判断新投资是否是更好的选择。伯克希尔已经拥有的投资就是用来衡量潜在收购标的的经济量尺。查理·芒格强调说："巴菲特所谈到的这一点，对任何投资者而言都非常有用。对于一个普通人，你手中最好的东西就应该是你的量尺。"他接下来说的是提升你投资组合价值最关键却又被广泛忽略的秘诀之一。芒格说："如果（你正在考虑投资购买）新标的并不比你已经了解的更好，就说明它没有达到你的门槛。仅这一条标准就可以淘汰掉你所见到的99%的候选对象。"(OID)[17]

基于你现在所拥有的投资，你已经有了一个经济衡量标准——一把量尺。你可以从几个方面定义自己个性化的经济标准，例如透视盈余、净资产收益率或安全边际等。当你为自己的投资组合买进或卖出一家公司时，你是提高了还是降低了你的经济衡量标准？对于一个长期持有股票并相信未来的股价终将反映公司实际经济状况的投资经理而言（这个投资经理或许就是你），他的工作是找到提升衡量标准的方法。芒格说："这是一项非常费神的工作，而且一般而言，大学的商学院不会教授这样的课

程。"（OID）[18]

如果你退一步想一下，标准普尔500指数就是一个衡量标准，该指数由500家公司构成，其中每一家都有自己的经济回报。为了能长期胜出标准普尔500指数——提升衡量标准，我们必须构建和管理一个投资组合，其中包含的公司所具备的经济指标，必须超越标准普尔500指数成分股的加权平均经济指标。如何管理这样一个投资组合的过程就是本书的全部重点。

在大都会/美国广播公司与迪士尼公司合并之前，汤姆·墨菲是该公司的经营者，他对于经济指标的作用非常了解。在大都会/美国广播公司内部有一些媒体公司，这些公司回报的加权总和构成了大都会/美国广播公司给予股东的经济回报。墨菲知道，为了提升大都会/美国广播公司的价值，他必须找到新的公司以提升现有公司的经济指标。墨菲曾经说过："管理者的工作，并不是找到让火车变得更长的方法，而是找到让火车跑得更快的方法。"[19]

一个集中型投资组合的表现经常会落后于股票市场，但不要因为这个原因，你就以为有借口可以放松自己持续检查业绩的责任。随着经济指标的采用，无论市场多么变化莫测，你都应该坚守你的选择。的确，一个集中投资型的基金经理不应该成为股市心血来潮的奴隶，但是，你应该做到对自己投资组合中的每家公司都了如指掌。

毕竟，如果一个集中投资型的基金经理无法做到对自己的组合心中有数，那么，指望"市场先生"（这将会在第7章再次介绍）找机会对你选择的股票予以回报是不可能的。

像树懒一样行动的两个好理由

集中投资法必然是一种长期的投资方法。如果我们有机会问巴菲特:"多长时间是您认为的理想的持股期限?"他可能会说:"永远!"只要公司能持续产生高于平均的经济回报,只要管理层能持续以理想的方式分配公司的利润,就一直持有。巴菲特解释说:"按兵不动反而让我们的行为变得明智。无论是我,还是绝大多数公司的管理层,都不会因为美联储调息预期或华尔街的专家改变他的市场观点,而卖出我们旗下利润丰厚的公司。那么,对于那些持有者不多的优秀企业,我们何必要采取不同的行为方式呢?"[20]

如果你拥有一家糟糕的公司,你需要尽快将其脱手,因为没有它,长期而言,你才会拥有一个具有经济优势的公司。但如果你拥有一家很棒的公司,你绝不应该卖掉。巴菲特解释道:"当处置得当时,一个(低换手率的)投资策略经常会导致这样一个结果:投资组合中较少比重的股票产生较大比重的回报。这个投资者得到的结果类似于,买了几个大学篮球明星未来收入权益的20%,他们中有人会成为真正的NBA球星,这个投资者在这方面的收入会很快占据他收入的大部分。如果建议这个投资者卖掉他最成功的投资标的,仅仅是因为这些标的在他投资组合中占比过大,这就像建议公牛队卖掉迈克尔·乔丹是因为他对公牛队太重要了一样。"[21]

这种类似树懒一样看似懒惰的方法,对于那些习惯买进卖出的活跃的基金经理而言,或许显得有些古怪。但是,这样做除了能获得高于平均的资本增长之外,还有两个重要的好处:

▶ 它可以降低交易成本。
▶ 它可以提高税后收益。

这两个好处中的每一个都极具价值，二者叠加所带来的好处更是巨大无比。

降低交易成本

平均而言，共同基金每年的换手率在100%到200%。换手率描述的是一个投资组合中买卖活动的数量。例如，如果一个基金经理在一年的时间里，将投资组合里的所有股票全部卖出，然后再全部买进，或者卖出、买进全部股票的50%并重复两回，这二者的换手率都是100%。如果全部卖出，然后全部买进，一年做两回，换手率就是200%。但是，如果一个基金经理一年中卖出、买进的数量仅为整个投资组合的10%（这意味着平均持股期限为10年），那么，换手率就是很低的10%。

总部位于芝加哥的共同基金研究机构晨星公司，在观察了2560只美国国内的股票基金之后，发现对较高换手率的基金而言，那些低换手率的基金产生的回报更高。晨星的研究发现，以10年为期，相较于换手率高于100%的基金，换手率低于20%的基金的回报高出14个百分点[22]。

这已经成为一种常识，它是如此明显，以至于轻易就会被忽略。高换手率的问题在于交易增加了基金的经纪成本，从而降低了回报。

税后收益

低换手率还有另外一个重要的经济优势：对于资本利得税的延迟起到了积极作用。具有讽刺意味的是，高频的换手原本是为了提高基金的回报，但这也提高了你当期的税收负担。一名基金经理卖出一只股票，并买进另外一只股票，这意味着他认为这样的举动可以提高基金的回报。但是，卖出一只股票就意味着资本利得的变现，所以，投资组合里每一只取代卖出股票仓位的新股票，其表现必须以超过原有股票资本利得税作为新起点。

如果你拥有个人退休账户或参加了401（K）计划⊖你就不用为盈利或资本利得缴税，但是如果你的个人账户里持有共同基金，那么，该基金的任何资本利得都会传递给基金份额持有人，由此产生你需要交纳的资本利得税。你持有的基金卖出的股票越多，你面临的税收就越多。

甚至，当年终基金的回报看起来不错的时候，你为变现的资本利得付完税款之后会发现，你实际的税后回报可能会大幅低于平均水平。如此一来，那些明白情况的基金投资人就会开始问他们交易活跃的基金能否提供足够的回报，以便在支付税款之后仍然能有比指数基金更高的回报。因为，就性质而言，指数基金是可以节税的。

除非是通过免税账户进行投资，否则，税收是投资者面临的最大成本，它们比券商的经纪佣金还要高，甚至经常会比经营一个基金的成本还高。实际上，税收已经成为基金回报低下的三

⊖ 美国一种由雇员、雇主共同缴费建立起来的完全基金式的养老保险制度。——译者注

个重要原因之一。《你的 α 是否足够覆盖你的税？》一文的作者，同时也是基金管理人的罗伯特·杰弗瑞（Robert Jeffrey）和罗伯特·阿诺特（Robert Arnott）认为："这是个糟糕的消息。"该文刊登在广受尊敬的《投资组合管理期刊》上，并在投资界引发了广泛深入的讨论。他们接着写道："但好消息是，有些交易策略可以将这类被忽视的税收后果最小化。"[23]

一言以蔽之，蕴含在这些常识概念中的另一个关键策略经常被低估，那就是：未变现的资本利得所蕴含的巨大价值。当一只股票的价格上升，但股票并未被卖出时，这种升值就是未变现的资本利得。在股票没有被卖出（也就是没有变现）之前，你无须缴纳资本利得税。如果你保留这些利得不变现，你的财富就会获得更加强劲的增长。

总而言之，投资人常常大大低估了未变现利得的巨大价值。"未变现利得"被巴菲特称为"来自财政部的无息贷款"。为了说明这个观点，巴菲特进一步说，如果你投入 1 美元，然后这笔投资每年翻一番，让我们想象一下，会发生什么样的结果？如果你在第 1 年的年底卖出，你会有 0.66 美元的利得（也就是净赚 0.66 美元，假设你的所得税税率为 34%）。第 2 年，你重新投入 1.66 美元，到了年底再次翻一番。如此往复，如果你的投资每年这样翻一番，每年年底你都卖出变现、支付相应税款、再次投资，到了第 20 年的年底，你在支付 13 000 美元的税款之后，可以净赚 25 200 美元。但是，如果你投入 1 美元，每年翻一番，从不卖出，直至第 20 年的年底卖出变现，那么，你在支付了大约 356 000 美元的税款之后，可以净赚 692 000 美元。

> **复利的神奇效应**
>
> 以 1 美元开始投资，每年翻一番。
>
> 1. 在每一年的年底卖出股票，支付税款，余额进行再投资。
>
> 每年如此，持续 20 年。
>
> 在第 20 年的年底，税后净利润为 25 200 美元。
>
> 2. 不要卖出。
>
> 在第 20 年的年底，税后净利润为 692 000 美元。

冷静观察这些数字，可以发现一些显而易见的东西。如果你不是急于每年都落袋为安，而是让这些钱以复利的形式增长，你最终赚的会多得多。与此同时，第 20 年年底的一次性税款的金额之大令人感到震惊。这或许就是为什么人们似乎本能地认为，还是每年变现、每年缴纳税款更好的原因，他们认为这样缴税就可以在自己的掌控之中。但他们没有意识到的是，这样做他们在回报上错失了太多，差距实在是巨大。

在他们的文章中，杰弗瑞和阿诺特计算了换手率开始对投资组合形成负面影响的点位。令人吃惊的是，答案与人们的直觉正好相反。税收在投资组合换手之初造成的伤害最大，然后，随着换手率的提升而降低。杰弗瑞和阿诺特写道："传统思维认为 1% 到 25% 的换手率绝对是低换手率，而且是无关紧要的，而任何高于 50% 的换手率则被认为可能会有很大的影响。然而，现实恰恰相反。"[24]

杰弗瑞和阿诺特的研究显示，一只换手率 25% 的基金与一只换手率 100% 的基金相比，前者所产生的税款相当于后者的

80%。他们得出的结论是：在低换手率时就应该注意这个问题，而不是等到高换手率发生时。为了得到更高的税后收益，投资者应该将他们的年平均换手率保持在0%到20%。

什么样的策略可以给他们带来最佳的低换手率？一种可能的方法是被动的、低换手的指数基金法。另一种方法是集中投资法。杰弗瑞和阿诺特说："这听起来像婚前咨询建议，也就是试图建立一个可以陪伴你很长时间的投资组合。"[25]

"在当今的投资管理行业，"查理·芒格解释说，"每个人不仅想赢，还希望每年的结果不要偏离标准太远，除非是向上的偏离。以理性的观点来看，整个系统就是疯狂的，因为整个行业聚集了大批天才，但这些天才从事着对社会毫无用处的活动。"（OID）[26] 对于芒格的这番言论，基金经理们会反驳说："我们必须这么做，因为这是衡量我们的方式。"

如今，基金经理们受到相对业绩表现的制约。商业作家彼得·伯恩斯坦解释道："在相对业绩表现这场游戏中，你的投资组合的风险不再源于你持有的证券。更大的风险存在于你没有持有的证券中，因为这等于是你卖空了所有没有持有的证券。"[27] 如果基金经理们的投资表现偏离市场回报太多的话，他们就会有失去客户、惹恼投资顾问的风险。按照查理·芒格的说法，这种"跟踪误差"——偏离市场回报太多的投资表现，已经"令整个行业束手束脚"。

我们在这一章花了大量的时间谈论共同基金行业的起起落落。你应该记得，我们这样做，是因为大家比较熟悉共同基金这个行业，它是一个简单易懂的例子。但不要错误地以为不正确的思维仅限于共同基金经理这个层面，他们只是被用于举例，实际上这种思维弥漫于整个投资界。通过观察这些基金经理的所做所想，对于自己应该怎么做、怎么想，我们可以学到很多。

我们已经了解到，短期表现强劲的基金经理，未必比短期表现欠佳的基金经理更胜一筹，我们用于衡量业绩的期限越短就越是无法得出有意义的结论。然而，当股价表现背离预期回报时，使用其他一些替代经济指标，例如透视盈余等，来衡量投资进程或许是一种方法。我们还了解到，低换手率可以通过两种简单却明显的方式带来较高的回报。更少的交易意味着更少的交易成本。最后，不要忽视未实现资本利得的价值。除了被动指数基金之外，集中投资给了你最佳的机会，让那些未变现利得以复利形式增长，最终带来巨大财富。

"伯克希尔的系统不是一个疯狂的系统。"查理·芒格得出结论，"我是说，伯克希尔－哈撒韦公司适应了投资问题的本质，反映了它本来的面目。"（OID）[28]

| 第 5 章 |

沃伦·巴菲特的投资策略

今天的投资者不会从昨天的成长中获利。

——沃伦·巴菲特

在《巴菲特之道》一书中，我希望描述和解码巴菲特的投资风格，以便其他人可以从巴菲特的方法中受益。在这本更早一些面世的书中，我描绘了巴菲特投资时采用的基本投资框架，或者称之为投资准则，这些投资准则都在第1章中进行了总结。

自从《巴菲特之道》1994年问世以来，其中提到的那些投资准则并未改变。巴菲特曾说："这就是它们被称为准则的原因。"但很多读者都希望搞清楚，在如今的市场情况下如何运用书中提到的投资准则。与此同时，有关成长股和价值股由来已久的争论也值得我们关注。此外，一些新问题也不断涌现，例如经济附加值（EVA）方法和科技的角色等，我们能否运用沃伦·巴菲特投资准则的模板去挑选科技股？

市场准则：如何给一家企业估值

决定一家企业的内在价值（这在巴菲特的投资决策程序中是第一步，也是最重要的一步）既是艺术，也是科学。既然有科学的部分，它当然就包含了一些相当直观的数学问题。

计算一家企业的现值，你首先需要预估这家企业在存续期间可能产生的现金流，然后，将这些现金流用一个合适的折现率折算出今天的价值。巴菲特说："在看任何企业时，如果我们可以预测这家企业与企业所有者之间，在未来100年或是企业存续期间，所产生的现金流入和现金流出，然后使用一个合适的利率进行折现，就能得到一个内在价值。"（OID）[1] 这个概念是约翰·伯尔·威廉姆斯（John Burr Williams）在他的《投资价值理论》（*The Theory of Investment Value*）一书中提出来的，如今这个概念依旧正确，就像60年前第一次被提出时一样。

在与评估债券的方法相比较之后，有些人认为这个方法更容易。数学方法是一样的。不过与企业产生的现金流不同，债券产生的是利息；与企业存续的无期限不同，债券有到期日，到了一定期限需要将本金归还给债券持有人。巴菲特解释道："给一个企业估值，就像给一个附有一大把息票、期限为100年的债券估值，企业会有一直延续到未来的息票，只不过这种企业息票没有打印出来。㊀因此，这种企业息票利率的高低取决于投资者的预期。"（OID）[2]

对于这种企业未来息票的估值取决于两个数字：未来可能的盈利，以及将未来盈利拆现到今天所使用的折现率。对于第二个数字——折现率，巴菲特一般使用当下美国长期国债利率。因为美国政府未来30年为其债券付息的确定性几乎为100%，我们可以将其视为无风险利率。正如巴菲特所解释的："我们使用无风险利率仅仅是希望使两项相等。"（OID）[3] 在巴菲特看来，这是最为合适的衡量标准，可用于衡量一系列不同类型的投资对象：政府债券、公司债券、普通股、公寓大楼、石油油井以及农场。

巴菲特在投资中并不调整折现率，即使一项投资比另一项投资展现出更多的风险，他也会保持折现率不变，但他会调整购买价格。换言之，他不从资本资产定价模型（CAPM）中所谓的"权益风险"溢价中获得资金的安全边际，而是从较低的买入价着手。巴菲特说："如果你了解一家企业，如果你对它的未来看得很准，那么很明显，你几乎不需要所谓的安全边际。相反，一个企业越

㊀ 也就是并无保证。——译者注

是脆弱，你所需要的安全边际就越大。"（OID）[4]

在《巴菲特之道》一书中，我们将巴菲特的投资准则与伯克希尔-哈撒韦的几个最大的普通股投资案例结合起来，形成了我们可以学习的分析案例。在这些投资案例中所提到的公司，它们的"企业息票利率"预计会永续增长，而且它们利润的增长会高于市场无风险利率。在这些投资案例分析中，有必要用两段法的股利贴现模型——在初始阶段使用一种增长率，在其后更长的阶段使用另一种较低的增长率。

巴菲特在1988年投资可口可乐就是一个好例子。那时，长期政府债券利率为9%，可口可乐的增长率为15%。9%减去15%，我们会得到一个负数，这样计算毫无意义。为了克服这种局限，我采取了两段法股利贴现模型。首先，假设可口可乐的股东盈利（即：净利润＋折旧和摊销－资本支出㊀）能以高于平均的水平增长至少10年。之后，其平均增长速度放慢到5%。在第11年，以9%的无风险利率减去5%的增长率，得到的4%就是公司未来盈利的折现率。

自从《巴菲特之道》问世以来，很多人问我有关股利贴现模型的问题，尤其是其中的假设部分。有些读者说可口可乐公司将来的利润增长率肯定能达到15%，远超过去10年，如此一来，我的推测便显得过于保守。也有些读者认为预测可口可乐未来10年实在太难了，建议我应该仅在前5年使用15%的增长率假设。

上述这两种观点都是有道理的，因此，没有任何一个答案是完美的。但是，记得巴菲特曾经说过："模糊的正确胜过精确的

㊀ 也就是透视盈余。——译者注

错误。"这里关键的问题不在于可口可乐是否可以在未来 5 年、7 年或 10 年以 15% 的速度增长，而在于我们需要花时间去进行研究和计算内在价值，而不是走一些捷径（例如市盈率、市净率或与市场相关的衡量方式）。尽管这些走捷径的方式可以精确到小数，但这些方式对于弄懂投资的价值毫无意义。

另一个我经常被问到的与股利贴现模型有关的问题是：当无风险利率为 9% 的时候，这个模型很好用，但现在更多的时候无风险利率是 5% 或 6%。怎么办呢？当无风险利率为 6% 时，减去 5% 的增长率，对股东盈利进行折现所使用的折现率仅有微不足道的 1%。对此，巴菲特会怎么做呢？

巴菲特告诉我们，在一个低利率的环境中，他会上调折现率。当债券的利率跌破 7% 的时候，巴菲特会将他的折现率上调至 10%。如果利率继续走高，他就成功地维持了折现率与长期利率相匹配。如果利率没有继续走高，他的调整就令他获得了额外 3 个百分点的安全边际。

财务准则：是否采纳经济附加值，这是一个问题

对于《巴菲特之道》一书中所列出的巴菲特投资的财务准则，很少存在争议。一家具有吸引力的公司一定具有高利润率并为股东提供现金利润，对此，所有人都不会有异议。如果这家公司再具有较高的净资产收益率，就会更具吸引力。然而，有关经济附加值方法以及这个方法是否存在于巴菲特的思想之中，人们存在极大的争议。

EVA 的商标持有人是纽约思腾思特咨询公司，它是一种测量

体系，用于衡量投资回报是否超过资本成本。过去数年，很多公司都采用了EVA方法，其中包括可口可乐、礼来制药（Eli Lilly）和美国电话电报公司（AT&T）。

EVA的运用方式如下：首先，确定一家公司的资本成本，然后，减去公司的净利润。资本成本是负债成本加上权益成本，按相应比例计算。负债成本就是公司为借款支付的利息，按利息费用可抵扣程度调节。权益成本由企业风险程度决定，计算方法可参照资本资产定价模型。

加权平均资本成本的公式是：

资本结构中的权益比例 × 权益成本 + 负债比例 × 负债成本

例如，如果一家公司的资本结构为60%的权益加上40%的负债，权益成本为15%，负债成本为9%，那么这家公司的加权平均资本成本为：

$$60\% \times 15\% + 40\% \times 9\% = 12.6\%$$

如果该公司打算以12.6%的资本成本获得15%的回报率，那么，我们就可以说该公司增加了经济价值。如果这家公司可以持续保持较高的回报率，那么，其股价一般就会上涨。相反，如果该公司运营数年后仅能获得10%的资本回报，其股价通常会下跌。

EVA是一种衡量标尺，是一个特别的门槛。巴菲特使用的是另一种不同的衡量标尺，他以一家公司的留存收益可以增加多少市值作为衡量标尺，他认为留存了多少收益就至少应该创造出多少市值。巴菲特说，一家公司每留存一美元，就应该至少创造出一美元的市场价值。

笼统而言，巴菲特的一美元留存创造一美元市值的观点，与思腾思特公司提出的经济附加值理论看起来很相似，但是，巴菲特很难接受 EVA 理论所涉及的观点。

首先，EVA 公式建立在资本资产定价模型之上，而该模型依据股价的波动衡量风险。对于价格波动越大风险越大这个观点，我们已经知道巴菲特对此的态度。

其次，由于权益成本通常比负债成本高，在 EVA 模型中，当负债比例提高时，资本成本实际上是在降低。EVA 的支持者们认为负债高是一件好事，因为这等于降低了资本成本。但这很难说服巴菲特，因为，在巴菲特的心中，无负债或接近无负债对公司是件好事情。

资本成本是商业世界中最大的秘密之一。EVA 理论仅仅是寻找成本的一种方法，巴菲特并不使用 EVA 去计算资本成本，但这并不意味着他不关心这个问题。事实上，所有伯克希尔-哈撒韦旗下的子公司都要为来自巴菲特的资本支付成本。巴菲特承认，他不需要使用复杂的公式，相反，"我们只是为投入的资本收取合理的费用，让他们自己去决定是否要购买一个新项目或其他什么东西。根据我们接触的时间和我们收购时的利率环境，这种收费会有所变化，但变化不大，一般而言，我们按照资本的 15% 收费。我们发现 15% 能引起他们足够的重视，但又不会过高，太高的门槛可能适得其反，导致我们无法得到想要的结果"。（OID）[5]

请在心中记住巴菲特对伯克希尔-哈撒韦采用的内部衡量标尺，即旗下公司整体的年增长率至少是 15%，这一点非常重要。

因此，巴菲特的资本成本门槛也是15%。他的要求是无论什么时候他提供给旗下公司资本，无论投资方向是什么——新的研究设施、新设备还是一项新的广告宣传活动，投资最终都必须提供至少是15%的回报率。

伯克希尔-哈撒韦和EVA都为资本设定了成本。虽然二者对于同一个问题采取了不同的方法，但都是在追求同一个结果——奖励那些取得回报高于资本成本的公司，惩罚那些回报低于资本成本的公司。正如巴菲特在1995年年会上说的："我不认为这是个很复杂的事情，我不需要（用EVA）去判断可口可乐公司具有很大的附加价值。"（OID）[6]

管理准则：我们能给管理层估值吗

沃伦·巴菲特对一家公司管理层的最高赞许是夸赞他们行为忠诚，就像公司股东一样。具有股东意识导向的公司管理层绝不会忘记公司的主要目标——提升股东价值，并且他们会采取理性的行动达成目标。但是，我们如何将这些主动工作以提升股东价值的管理层，与那些口惠而实不至的家伙区分开呢？换言之，我们如何才能评估管理层呢？

关于公司管理，巴菲特运用三个准则：(1)理性；(2)坦诚；(3)抗拒惯性驱使（或称抗拒制度性强制力）。由于这三点已经在《巴菲特之道》一书中有详细的描述，在此仅做一个简要总结。

正如我们所了解的那样，如果一家公司具有较高的净资产收益率，那么，管理层的职责就是将利润进行再投资，为股东创造利益。然而，如果公司的利润无法用于回报较高的再投资，管理层会有三种选择：

（1）对这个问题视而不见，即便是项目的回报率低于平均水平，也继续再投资。

（2）购买具有成长性的标的。

（3）将资金返还给股东，股东们或许有机会将资金再投资到其他具有高回报的对象上。

在巴菲特的心里，如果只有一个选项是理性的，那就是（3）。

对公司留存收益的处理决策就像交叉路口的抉择，在我们试图衡量管理层的价值时，他们如何选择可以提供一些很好的线索。管理层的选择对股东而言，或是有价值的，或是令人失望的，其效果往往在年度报告公布之前就能有所显现。

在理性之后，我们应该关注管理层的坦诚品质。长期来看，每一家公司都会犯错，有可能是重大的错误，也可能是微不足道的错误。太多的管理人倾向于过于乐观的报告，而不是客观诚实的解释。也会有一些管理人有面对股东讨论公司失误的勇气，他们是令人钦佩的。巴菲特认为，一个在公开场合承认错误的管理人才更有可能改正错误。

如果说资本配置是一个简单且有逻辑的事情，那为什么资本分配的情况会如此糟糕呢？如果管理层能通过直面错误而获得智慧和信任，为什么公司年度报告只报喜而不报忧呢？巴菲特的答案是，存在一种看不见的力量，叫作惯性驱使——公司管理层存在类似旅鼠一样的盲目模仿他人行为的惯性，无论这种行为是多么的愚蠢或非理性。独立思考以及基于理性和逻辑制定行动路线，才更有可能最大化公司利润，这胜过盲目跟风的策略。

依据这三个维度对管理层进行评估，比依据财务表现进行评估难度大很多，原因也很简单——人性比数字复杂得多。的确，很多分析师认为，由于对人的行为的衡量是模糊不清和不准确的，所以我们没有信心评估管理层，这样的评估活动一定会失败。他们说，既然无法精确到小数点，也就没有什么好衡量的。

另外有些人认为，管理层的价值已经完全反映在公司的统计数据里，包括营业收入、利润率、净资产收益率等，根本没有必要再使用其他衡量手段。

上述两种观点都有道理，但以我的观点看，这两种观点没有一个能够推翻最初的前提假设。之所以花时间评估管理层，是因为这样做你可以在得到最终财务表现之前，先得到早期预警信号。如果你紧盯管理层的一举一动、一言一行，你会远在公司财务报告或每天的报纸股票版面之前，发现用于衡量管理团队价值的线索。发现线索需要深入的挖掘，而这些新闻线索足以阻止脆弱的心理或懒惰行为，而这就是你获利的机会。

如果你对如何衡量管理层仍然模糊不清的话，巴菲特提供了几个建议：

- 回顾过去数年的年度报告，请格外留意管理层当时发表的关于未来的策略。
- 将这些当年的计划与今天的现实情况进行比较，当年的计划实现了多少？
- 将数年前的策略与今天的策略和计划进行比较，管理层的思路有何变化？
- 将你感兴趣的公司年报与同行业类似公司的年报进行比较，

当然，一模一样的公司并不容易找到，但即便是相关表现的对比也能够提供洞见。

一个集中投资者恰恰是衡量管理层的合适人选。仅投资了几家公司并且计划持有数年的投资人，最有机会了解管理层，从追踪早先的公司年报，到对管理层的历史有所了解、追寻媒体发布的公司信息以及阅读管理层的发言和同行对他们的评价。如果你知道 CEO 近来做了一个演讲或报告，就可以联系公司投资者关系部门获取资料并仔细阅读。查阅公司网页，获得最新的有关信息。总之，每一天你都要竖起你的触角，终日琢磨。重点在于，不要因为这个任务太难而放弃评估管理层。对于获取线索，你的眼睛睁得越大，你就会越熟悉，这个过程就越简单。

记住你这样做的初心，这对你会有帮助：你将会得到一些最终会影响股价的信息，并且你会提前得到它们。如果正如巴菲特所说的那样，市场经常是有效的（尽管并不总是有效），评估公司管理层就是一个可以使你走在市场前面的分析工具。

成长与价值：一个由来已久的辩题

在过去的 20 年中，沃伦·巴菲特的选股方法没有太大变化。他考虑的顺序是：公司本身状况、管理层、财务状况和股价。这一切看起来都很简单且直截了当，可尽管如此，巴菲特的投资方法还是卷入了经久不息、相持不下的争论中，这一争论寻求将价值投资区别于成长型投资。

传统而言，"价值投资者"是这样一些人，他们寻找那些价格低于潜在价值的股票,这些股票有低市净率、低市盈率或是高股息收益。"成长型投资者"寻求盈利的方式,是将自己与利润增长迅速的公司联系在一起,并推断这种增长会持续下去。

巴菲特说:"价值和成长,大部分分析师习惯性地将二者对立起来。的确,很多投资界的专业人士将这两种形式的任何混合都视为学术上的变装行为。"[7]你会毫不吃惊地发现巴菲特对于"价值"和"成长"持有不同的看法。

巴菲特在许多不同的场合都解释过,一只股票的价值是该投资于存续期间产生的净现金流在一个合适利率下的折现值。关于"成长",巴菲特指出,它只属于现金流计算的一部分。他说:"在我们的观点里,这两种方式(价值与成长)实际上交织在一起,不分彼此。"[8]

一向字斟句酌、惜字如金的芒格说:"区分'价值'与'成长'在我看来简直是胡扯。这为一群养老基金顾问靠夸夸其谈收取费用提供了方便,这也是一种让一个顾问区别于另一个顾问的方式。但对我而言,所有聪明的投资都是价值投资。"(OID)[9]

尽管巴菲特和芒格都认为"价值投资"和"成长型投资"并无实质意义上的不同,投资界依然将二者分开来看。如果你认同巴菲特之道,你会时不时地面对一个无法避免的问题:你是一个成长型投资者,还是一个价值投资者?考虑一下查理·芒格的观点,你最好将自己划为价值投资者,但一定要小心,不要落入购买所谓"价值"股的陷阱中。

能够在价值与成长之间游刃有余的人是比尔·米勒三世。毫无疑问,他的投资业绩令人印象深刻,但他是如何取得这样的投资回报的,对我们所有人而言才是极具价值的经验。

比尔·米勒和美盛价值信托基金

1982年，总部位于巴尔的摩从事证券经纪和资产管理的美盛公司发行了自己的旗舰共同基金产品——价值信托基金。从1982年到1990年，该基金由厄尼·奇勒（Ernie Kiehne）和比尔·米勒共同管理，前者是美盛公司的前研究主管，后者初出茅庐、聪明过人。

在成为一名基金经理人的道路上，比尔·米勒的经历颇不寻常。当他的同辈在大学商学院埋头苦读现代投资组合理论之时，米勒在约翰·霍普金斯研究生院钻研哲学。当其他基金经理人在培训中学习马科维茨、夏普、法玛的理论时，米勒在读威廉·詹姆士的《实用主义》（*Pragmatism*）以及约翰·杜威的《实验逻辑论文集》（*Essays in Experimental Logic*）。在一家公司从事了一段短暂的出纳工作（这帮助他明白了公司如何运营）之后，比尔·米勒进入了美盛公司的研究部门，在那里他加入了厄尼·奇勒的团队，一起管理价值信托基金。

在20世纪80年代，价值信托基金秉承两种方式运行。厄尼·奇勒遵循本杰明·格雷厄姆的方式，投资那些市盈率低、对账面价值有折扣的股票。米勒却另辟蹊径，他说："我的方法从理论上讲更接近格雷厄姆所讲的、经过巴菲特精雕细琢的方式，即任何投资的价值都是未来现金流的折现值。关键在于如何估值，对资产进行理性评估，然后以较大的折扣价买入。"[10]

1990年，米勒全面接管价值信托基金，自此，他开始在整个基金中贯彻自己的投资风格。接下来发生的事是整个90年代其他任何权益类基金都无法复制的：价值信托基金连续8年

（1991～1998年）跑赢标准普尔500指数。1998年年底，比尔·米勒杰出的业绩给他带来了业内人人羡慕的巨大荣誉——晨星年度国内最佳权益类投资基金经理人大奖。

为《巴伦周刊》撰写基金专栏的埃里克·萨维茨，继米勒之后也非常成功，他说："比尔·米勒以持仓为主，着眼长远。"在他的记忆中，米勒是个低调的人，"他不会自我推销。有很多基金经理会现身美国CNBC，夸夸其谈，自吹自擂，但是比尔·米勒不是那种自我吹嘘的人。相比于其他人，在我看来，他对于股票有更多的洞见"。[11]

如今，米勒在美盛公司管理的资金超过120亿美元，其中包括90亿美元的价值信托基金。尽管根据严格的定义，米勒算不上是一个集中投资者，但他非常接近了。例如，他的价值信托基金的持股通常只有30～40只，在其中10只股票上配置的资产超过一半。晨星的编辑艾米·阿诺特（Amy Arnott）解释说："比尔·米勒和沃伦·巴菲特之间有几点是相像的，相比于其他权益类投资经理人，米勒的换手率非常低，而且持股非常集中。他对公司的估值方法与巴菲特非常类似，他们都将自由现金流作为衡量公司内在价值的一个标准。"[12]

虽然米勒是一个价值投资经理人，但他很少出现在风格箱的"价值"栏中，那是一些财经类出版物引用热门摘要的地方。如果你看重传统的价值衡量手段，如市盈率、市净率，你会发现米勒并不总是能符合这些条条框框。对此，米勒的解释是："我们要做的，是将那些真便宜的股票，与那些仅仅是看起来便宜的股票区分开。有很多价值低下的股票，这些股票的价格跌了很多，但并不具有吸引力。关键在于如何对二者进行甄别区分。"[13]

米勒在识别公司方面的火眼金睛，加上他持股的长期性，使得价值信托基金在20世纪90年代成为最佳的共同基金之一，但这并不是没有代价的。比尔·米勒的基金持股中，有一些公司兼具"成长"和"价值"的特征，这使得米勒也深陷纠缠不清的争论旋涡之中——他到底是一个价值投资者，还是一个成长型投资者？对此吉姆·克莱默在TheStreet.com网站上发表了措辞尖刻的报告，并做了举证。

克莱默是TheStreet.com网站的联合创始人，这是一个收费不菲的知识性网站。克莱默写了一篇尖锐严厉的文章，题为《错！后方梯队启示录：共同基金和价值判断》。在文章中，克莱默公开指责几家价值基金实际上持有的股票也有符合业界定义的成长股。他引用了《投资者商业日报》(Investor's Business Daily, IBD) 上的价值指数图，指出指数中的几家价值基金也持有大量非价值股的仓位，包括戴尔、美国在线、微软以及朗讯。克莱默写道："说这些股票是价值型股票，这太荒谬了……价值……别逗了。"

克莱默继续写道："我不想太愤世嫉俗，但我认为这些基金经理人根本没有脑子。在我所见过的所有行业里，共同基金行业存在挂羊头卖狗肉的现象最为严重。我认为应该制定一个规则，'价值'这个术语不应该涉及高市盈率的股票。价值在这个世界上，已经成为一个化装舞会的假面、一个卑鄙的市场营销手段，它引诱人们迈入股市的大门，去购买那些原本不打算购买的、估值高得令人流鼻血的股票。"[14]

作为回应，米勒给TheStreet.com网站写了一封信，我认为这篇回信雄辩地指出了有关成长和价值争论的本质。这里给出稍加整理并获得发表许可的内容。

吉姆：

我所管理的价值信托基金，或许就是引发你那篇有关"价值和成长"投资专栏文章的那个罪魁祸首，因为我们就在IBD指数里，而且戴尔和美国在线这两只股票是我们最大的两个持股对象（但我们并未持有朗讯和微软）。

当然，1996年，戴尔的市盈率为6倍，资本收益率为40%，当我们以4美元的价格买入这只股票时，没有人认为我们是旁门左道。1996年，当我们以15美元入手美国在线时，人们认为我们疯了。他们认为这家公司会破产，或是因为互联网，或是因为微软，抑或是因为公司自身的无能。（注意，拆股调整后，米勒购买戴尔的价格为每股2美元，美国在线是每股7.50美元。）

问题的关键在于，它们是如何估值的？是根据市盈率，还是根据市净率？

部分答案已经存在于，大家一般耳熟能详的投资策略中，与很多其他基金经理每年换手率超过100%、疯狂寻找牛股相比，我们11%的换手率显得像是异类。发现好公司、好价格，买入大量股票，然后持股数年，这曾经是明智的投资方式。

在一个投机的市场里，长期投资是稀缺的，但我们是这样投资的人。我们不会因为股价上升或时间流逝而卖出股票，我们不认为这是卖出的理由。

更好的答案是，价格和价值是两个不同的、相互独立的变量。正如巴菲特所指出的那样，价值和成长这两个概念并不存在理论上的不同；任何一项投资的价值都是企业未来现金流的现值。

价值和成长这两个词并不是分割开来的，这两个术语主要是被投资顾问用来划分投资管理的世界，用来提供给他们的客户的。这两个术语代表的是股票的特征，而不是企业的特征。正如查理·芒格说的，价值和成长，这种区分就是"胡扯"。

自从1982年年初以来，市场战胜了91%的基金经理，在我看来市场非常有效。因为电脑不再是什么稀缺资源，数据库的供应也不再短缺，基于会计的股票因素（市盈率、市净率、股价与现金流比率等）也可以通过电脑来处理，回测的手段不再能提升投资业绩。

任何可以带来超额回报的要素组合手段都会迅速因对冲而失效，没有任何一种算法可以提供超额回报。

任何时间段任何取得超额回报的投资组合，一定包含了被错误定价的证券。市场对于未来的判断产生了失误。我们运用多重要素分析法直接审视错误定价，将市场对一家公司的估值与我们对该公司的估值进行比较。

这种多重要素分析法从会计数据着手，然后利用非公开市场价值分析法、杠杆收购分析法、审视清算价值，当然还有现金流折现模型。

估值是一个动态的而不是一个静态的过程，当我们最初对美国在线进行估值时，它的股价大约在15美元左右，我们认为它应该值30美元左右。现在，基于保守的现金流折现，我们认为该公司的估值应该在110～175美元。如果我们对于长期经济模型看法是正确的话，这个数字应该还要高很多。

当我们购买通用汽车或大通这样优良、古老、容易估值的对象时，没有人抱怨我们。当我们购买玩具反斗城或西部数据这样四平八稳的公司时，即使它们处于巨额亏损状态，也没有人抱怨我们。但当我们购买戴尔、美国在线时，人们却开始反对我们。

人们反对我们主要是因为我们没有像其他价值投资者那样在8美元卖掉戴尔的股票，从历史上看，PC类股票一般会有6～12倍的市盈率，而戴尔已经达到了12倍市盈率，这看起来肯定没什么价值了。

看到人们头脑简单地使用会计数据，步调一致地进行线性换算，并依据这些进行买入卖出，实际上我们挺高兴。这比花功夫弄清楚企业的价值更容易，也使得我们能通过更加深入的分析为客户获得更多的收益。

我们出于同样的理由持有通用汽车和美国在线的股票，市场的标价是错的，因为这两家公司的股票正在以低于其内在价值的价格进行交易。

此致。

比尔·米勒

这是一场经典的争论，我相信米勒的信会被投资者和学者们研究。这封信当然也引起了吉姆·克莱默的注意，下面是他在TheStreet.com网站上的回应。

亲爱的比尔：

哇，这真是令人大开眼界。你真的是做了一些与众不同的事情。价格的巨幅上升、你的选股以及保持低税率的需求，所有这些不同导致你的与众不同，我真的很抱歉将你卷入"价值"网。看来，我应该进行更深的挖掘，而不是仅仅引用一张图表、凭着一个名词去试图搞清楚"价值"这个谜题。你做得很棒，你的回复很了不起，非常感谢你花时间与我们分享。哦，对了，恭喜你在如此早的时候就挖掘到了戴尔和美国在线。

吉姆·克莱默

1998年，我带着集中信托基金和投资人，加入了美盛公司比尔·米勒的团队。媒体注意到了这件事，并立刻质疑：集中信托基金如何与一个广泛持有科技股的投资管理团队默契相处？桑德拉·沃德（Sandra Ward）在《巴伦周刊》上写道："比尔·米勒，世界上又一位伟大的投资家，尽管他已经位列投资神殿之中，但是，与巴菲特不同，米勒在科技股上押下了重注，在金融股上也下了重注，这使他的投资表现远超行业标准。"[15]

媒体好奇，当巴菲特之道与比尔·米勒的方法融合在一起时会怎样呢？我们能用巴菲特的方法为集中信托基金挑选科技股吗？

巴菲特之道与科技公司

由于伯克希尔-哈撒韦公司不持有任何科技股，很多人因此断定科技公司无法被投资者以十足的把握来分析，否则巴菲特早就这么做了。

然而，这种说法并非事实。

巴菲特的确承认自己不擅长分析科技公司，也不擅长对此类公司进行估值。在1998年的伯克希尔年会上，当他被问到是否会在未来的某个时间投资科技股时，他回应说："嗯，答案是'不'，这或许的确相当不幸。"

巴菲特继续说："我是安迪·格鲁夫和比尔·盖茨的崇拜者，我希望自己能将这种崇拜转变为以金钱为支持的行动。但具体到微软和英特尔上，我无法确定10年之后的世界是什么样子，我不想参与到别人具有优势的游戏中去。即便我用我所有的时间去思考未来10年的科技情况，但在全国科技分析领域最聪明的人里，我或许只能排在第100个、第1000个甚至是第10 000个。有很多人会分析科技公司，但我不会。"（OID）[16]

这个想法得到了查理·芒格的回应："我们没有涉足高科技类公司，是因为在这个领域我们尤其缺少天赋。对于那些低科技公司的优势，我们认为自己相当明白，其他的领域我们不了解，我们更愿意与了解的对象打交道。我们为什么要参与到一个自己不具竞争优势——或许还有劣势的游戏中，而不参与到我们具有明显优势的领域中呢？"（OID）[17]

参与一场机会均等的游戏，对于一个人的财富只会有负面的影响。你愿意将自己一生累积的财富投入到周期性的抛硬币游戏中吗？芒格忠告说："每个人都应该认清自己的天赋所在，并且发挥自己的天赋。如果一个人试图在自己表现糟糕的领域有所建树，他的事业前景一定会黯然无光。我几乎可以保证会是这样。"

（OID）[18]

多年以来，由于巴菲特在科技股上少有动作，很多价值投资者错误地选择了远离科技公司，错误地认为自己无法分析这个新兴行业，现在他们发现自己被一群天才的竞争者远远抛在了曲线的后面。

比尔·米勒解释道："大多数价值投资者用历史数据估值，来判断股价什么时候低什么时候高。然而，如果投资者仅仅使用历史数据的话，他们的估值方法就应该依赖当时的历史情况。"换言之，只要未来的情形与过去非常相似，历史估值法就是行之有效的。"但大多数价值投资所面临的问题是，未来在很多方面与过去不一样。"米勒说，"并且，更为重要的是，其中一个主要的不同是科技在社会中扮演的角色。"

米勒接着说："实际上，我认为在很多案例中，科技公司本身尤其契合沃伦·巴菲特的方法模板。巴菲特的方法模板就像一个工具箱，帮助你磨炼分析能力，帮助你在具有潜力的投资世界里，选择那些长期而言最可能给你带来超越平均回报的投资对象。"[19]

从这个观点出发，我们可以看到一些高科技公司已经具备巴菲特欣赏的特质：高利润率、高资本收益率、将利润再投入到高增长公司的能力，以及以股东利益为导向的管理层等。我们的难点在于对这些公司未来现金流的评估与折现，从而得出其内在价值。[20]

美盛基金的副总裁、科技分析师莉莎·拉普阿诺（Lisa Rapuano）解释说："在试图对科技公司进行估值时，很多人面临的问题是这类公司未来前景的不确定性。所以，你必须设想若干种可能的结果,而不仅仅是一种。从长期投资的角度看,这造成了未来潜在收益的巨大差异。然而,如果你真的抓住了你所观察公司的关键点,例如市场潜力、理论上的利润率、竞争地位,你就会明白是什么因素促使该公司的未来从一种结局变成另一种结局,这样,你就可以降低不确定性。我们仍然会进行现金流估值,但我们经常会使用数种目标价值,而不是一种。"

拉普阿诺还说:"因为科技确实是未来经济成长的真实驱动力,并且很多最终胜出的科技公司,当他们的模式被证明行之有效时,的确产生了超级回报,我们发现一些额外层面上的分析是有效的。科技可以带来远超过其他地方的回报,即便在考虑了更大不确定性的情况下,依然如此。"[21]

我们已经知道沃伦·巴菲特在评估一家公司时,是如何处理不确定性问题的,他要求留有更大的安全边际。对那些未来前景不清晰的公司,例如科技公司,留有更多的安全边际是一个抵御风险的好策略。另外一个好策略是将科技公司投资与一个投资组合捆绑在一起,这个组合里有一系列稳定、高度可预测的公司。

巴菲特曾经说过,下一轮巨大财富来自新的特许经营权的发现。比尔·米勒说:"我认为如今的科技公司就相当于巴菲特提到的特许经营权要素。"在巴菲特的消费品世界,品牌意识、定价能力、心智占有率等因素都包括在特许经营权范畴内。在科技的世界中,特许经营权要素包括网络效应、正向反馈、锚定效应和提升的回报。

米勒补充说:"我认为很多接触科技股的人都有一种错误的思维,他们认为高科技非常难懂,所以,他们也不试图去弄懂,他们心中已经有了先入为主的观念。"[22]应当承认,学习科技的确是个曲折渐进的过程，但是，我必须说，在这个领域有所成就，并非只是那些计算机天才的专利。

当我们刚开始学习巴菲特的现金流模型时，我们必须从格雷厄姆的低市盈率、账面折扣的思维里切换出来。这时，有很多新的术语、新的定义、新的阅读财报的方式需要我们学习，我们还需要懂得股利折现模式。学习科技也需要同样的思维转换，我们必须学习新词汇、新经济模型，还要学习以不同的方式分析财务报表。但是，最终而言，最大的认知挑战是，巴菲特是如何从传统的价值投资（购买便宜的股票）转变到一个现代的理论——以合理的价格购买杰出的公司的。

米勒说："就像遇见很多新事物一样，你需要时间去弄明白。"他指出，巴菲特和彼得·林奇曾经说过，学习就是观察身边的事物。米勒说："是的。人们依然在买可口可乐，用吉列剃须刀，使用美国运通的信用卡，但他们也使用美国在线和微软的软件，购买戴尔电脑，这种现象随处可见。"[23]

重温证券分析

每周一次，来自哥伦比亚大学商学院第 54 期的 MBA 学生都会争相涌入尤里斯大讲堂，参加一场 3 小时的名为"证券分析"的课程，这门课与 70 年前本杰明·格雷厄姆教授的课程同名。今天，讲授这个课程的是迈克尔·莫布森教授。课堂之外，莫布森教授将他的时间花在瑞士信贷第一波士顿银行上，用于指导同事和公司客户。

莫布森教授承认："每年，当我第一次站在课堂前面，我都会感到喉咙哽咽，激动无比。这里有发源于本杰明·格雷厄姆的传统，有像沃伦·巴菲特这样的学生，我怀着巨大的敬畏感，尽力延续这些传统，这意味着巨大的责任。"[24]

莫布森教授的讲座涵盖三个广泛的概念。"首先，"他说，"我强调跨学科的投资方法。本杰明·格雷厄姆是一个富有经验的人，他将很多其他学科领域的思想引进了教学内容。我们也试图做同样的事，我们不仅看金融财务类书籍，也看其他领域的内容，并想着如何将这些运用在投资中。其次，我们试图搞清楚心理学在投资中扮演的角色。本杰明·格雷厄姆创造的'市场先生'是一个家喻户晓的概念，直到今天仍然有效。投资是一项社会活动，明白这一点非常重要，人类心理学在投资过程中扮演着非常重要的角色。最后，我们会使用大量篇幅讨论'安全边际'这个概念，不仅包括本杰明·格雷厄姆如何思考这个概念，还包括它如何在概率论中得到证明。"[25]

回顾过去的70年，投资世界发生了巨大的令人惊叹的变化，但基本的概念并没有改变。以合理的价格购买财务优良、管理层精明能干的企业，这依然至关重要。但是经济环境和投资世界已经发生了相当的变化，进化出不同的形态，这要求投资者也必须与进化的世界保持同步，进化自己的思维模式。

我请教莫布森教授，问他对于年轻人进入投资领域有何建议。"我首先会建议他们弄明白经济模式，这不仅包括会计数字和财务报表，还包括企业如何运作以及与竞争对手之间的互动。其次，他们应该了解投资过程中人的角色和局限。最后，我会告诉他们应该努力工作，但不要过分努力。"

莫布森教授解释道："努力工作意味着你的大脑需要一直运转，阅读尽可能多的书籍，不仅仅是金融领域的书籍，还有其他领域的书籍，构建和加固取得成功的思维模式。我说不要过分努力，我的意思是有一种趋势，认为一分耕耘一定会有一分收获，但是在与金钱打交道的投资行业里，这条规律并不奏效。现实的情况往往是，那些做出更少但更大决定的人，常常会比那些以忙碌为名、做出很多决定的人，做得好得多。"

如果本杰明·格雷厄姆能活到今天，我想他应该会赞同这个观点，看到他的《证券分析》得以传承，他应该感到欣慰。多年以来，一代又一代杰出的教授们教授过这门课程，很多具有天赋的学生，在他们的生活和工作中运用了课堂所学的知识，并收获不菲。

| 第 6 章 |

投资的数学

我们试图像费马和帕斯卡那样思考,但他们从来没有听说过现代金融理论。

——查理·芒格

从孩童时代起，沃伦·巴菲特就对数字着迷。我们已经知道，他在很小的时候就开始进行股票投资，但很少有人意识到，巴菲特与数字的关系远远不止于资产负债表和利润表，要比这些广阔深远得多。当不考虑股市的时候，他会着手解决一些数学谜题。曾经有一次，他决定计算一下教堂赞美诗的作者是否比其他人寿命更长。[1] 他得到的结论是，具有音乐天赋的人的长寿概率未必比其他人高。

今天，巴菲特被数字包围着，包围他的不仅仅是与股市有关的数字。伯克希尔的保险业务或许是最具数字挑战的业务，也是统计学和概率论中的一课。当巴菲特没有思考保险业务或股票市场时，他关于数字的思考就会转移到他的业余爱好上，那就是桥牌。早在学生时代，巴菲特就是一个桥牌的忠实玩家，每周都会花数小时玩桥牌。当找不到人面对面玩牌时，巴菲特就会上网，与那些分布在全国各地的玩家打牌。

在巴菲特看来，桥牌和投资有很多共通之处。他解释说："桥牌有上百万种可能的推论，有很多变量可以导致不同的推论，无论是出一张牌还是不出牌。这些推论可以告诉你一些关于概率的知识，这里有最好的智力练习，每过 10 分钟，你都会看到新的情况。桥牌是一个有关权衡盈亏比率的游戏，你时时刻刻都在计算。"[2]

任何与巴菲特打过交道的人都会告诉你，巴菲特在快速计算方面有着特别的天赋。克里斯·斯塔夫鲁（Chris Stavrou）是纽约的一位投资经理，也是伯克希尔-哈撒韦公司的股东，他还记得初次见到巴菲特时的情形。[3]

斯塔夫鲁问他是否使用计算器，巴菲特回答："我从来没有过计算器,也不知道怎么用。"

斯塔夫鲁追问道:"那么您如何进行复杂的计算呢?难道是天赋吗?"

巴菲特答道:"不,不。我只是与数字打交道太久了,对数字有了感觉而已。"

"你可以为我示范吗?例如,99乘以99等于多少?"

"9801。"巴菲特毫不迟疑地回答。

斯塔夫鲁问他是如何知道的,巴菲特回答说自己阅读了费曼的自传。

理查德·费曼是诺贝尔物理学奖获得者,也是美国原子弹项目的成员。在他的自传《你肯定在开玩笑,费曼先生》(*Surely You're Joking, Mr. Feynman*)一书中,他描述了如何在头脑中进行复杂数学计算的技巧。由此,我们可以推断巴菲特或者是记住了他阅读的东西,或者是可以在头脑中以闪电般的速度进行计算。

斯塔夫鲁还追问了另一个问题:"如果一幅画在100年的时间里,从250美元上升到5000万美元,请问年回报率是多少?"巴菲特再次迅速回答:"13%。"倍感震惊的斯塔夫鲁问:"你是怎么算的?"

巴菲特回答说,任何复利表都会显示答案。(如此一来,我们是不是可以断定,巴菲特就是一个会走路的复利表呢?也许吧。)解决问题还有另一种方式,巴菲特说:"通过翻倍的次数计算(250美元翻倍17.6次可以得到5000万美元,年回报率为13%,每5.7年可以翻一番)。"很简单吧,他似乎在说。

尽管巴菲特很谦虚,但非常清楚的是,他一定是具有数学天赋的。所以,很多怀疑论者声称,巴菲特的投资方法之所以有效是因为他具备这种天赋，因此，其他不具备这种天赋的人自然就无法运用他的方法。情况并非如此，巴菲特和芒格对此并不认同。巴菲特的投资方法并不要求人们学习高等数学。《杰出投资者文摘》报道过一场芒格在南加州大学的演讲，芒格解释说："这是非常简单的代数问题，并不难学。真正困难的是，你在生命中的每一天都使用它。费马帕斯卡系统与世界运行的方式惊人地一致，这是基本的事实。所以，你必须掌握这个技巧。"（OID）[4]

概率论

如果说股票市场是一个不确定的世界，或许过于简单，但并非言过其实。在这个世界里，有数百种甚至数千种力量混合、纠缠在一起，形成最终的价格，各种力量都处于不断变化之中，任何一种力量都可能产生巨大的影响，但又没有任何一种力量属于绝对可预测的范畴。所以，投资者可以将目标范围缩小，识别并排除那些自己最不确定的对象，集中于那些自己最有可能了解的对象上，这就是概率论的运用。

当我们对一种情形不太确定，但又想表达看法时，我们经常会加上"大概是""可能"或"不太可能"等诸如此类的话。当我们更进一步，想量化这些一般性表达时，我们就开始与概率论打交道了。概率论就是不确定性的数学语言。

一只猫生出一只小鸟的概率有多大？答案是：零。明早太阳升起的概率有多大？这是确定会发生的事，其概率为1。所有那些我们既不完全肯定也不完全否定的事件，它们的概率就在0到1之间，决定这个概率到底处于什么位置就是概率论所要做的全部事情。

1654年，布莱斯·帕斯卡（Blaise Pascal）和皮埃尔·德·费马（Pierre de Fermat）有过一系列通信，这些通信奠定了今天概率论的理论基础。帕斯卡是一位在数学和哲学方面具有天赋的少年天才，他接到哲学家兼赌徒谢瓦利埃·德米尔（Chevalier de Méré）发出的挑战，希望帕斯卡能解开一个难倒很多数学家的谜题。德米尔想知道，如果牌桌上的玩家在游戏结束之前就要离开，他们应该如何分配筹码。面对这个挑战，帕斯卡找到了费马——一位本就是数学天才的人。

"1654年，帕斯卡和费马的通信往来对数学历史和概率论来说是划时代的事件。"[5]《与天为敌》㊀（Against the Gods，这是一篇非常优秀的关于风险的论著）的作者彼得·伯恩斯坦说。尽管他们解决问题的路径不一样（费马使用代数方法，而帕斯卡使用几何方法），但都建立了一个决定多种可能结果的概率体系。的确，帕斯卡的数字三角形解决了很多问题，包括计算你喜欢的棒球队在初场失利的情况下，赢得世界系列赛的概率。

帕斯卡和费马所做的工作开启了决策理论的先河，决策理论是一个当你不确定会发生什么的情况下，决定做什么的过程。伯恩斯坦写道："决策是任何管理风险的努力中必不可少的第一步。"[6]尽管帕斯卡和费马为概率论的发展立下了大功，但另一位数学家托马斯·贝叶斯所写的文章为理论付诸实践奠定了基础。

贝叶斯1701年出生在英国，比费马整整晚了100年，比帕斯卡晚了78年，他的一生并不辉煌。他是皇家协会的成员，但

㊀ 本书中文版机械工业出版社已出版。

他在生前并未发表任何有关数学的文章。在他离世之后,他的《解决机会论中一个问题的论述》发表了,但在当时并没有引起什么人的注意。然而,根据彼得·伯恩斯坦的说法,贝叶斯的论文是"引人注目的原创作品,这使贝叶斯在统计学家、经济学家和其他社会科学家群体中获得了不朽的地位"。[7]他为投资者使用概率论的数学理论提供了方法。

贝叶斯的分析方法给我们提供了一个逻辑,去考虑一系列可能发生的结果,但其中只有一个会真实发生。从概念上而言,这是个简单的过程。我们基于所得到的证据资料着手,为每一种结果分配一种可能,如果有新的证据发生,则将原来的可能性进行调整,以反映新的信息。

贝叶斯定理(Bayes's Theorem)为我们提供了一个可以更新原有假设(源于贝叶斯所称的信息的先验分布)的数学流程,以便生成信息的后验分布。换言之,先验概率与新信息相结合得到后验概率,进而改变了我们的相关概率。

这一切是如何运行的呢?

让我们想象一下,你和一个朋友花了一下午时间玩你喜欢的掷骰子跳棋游戏,现在你们一边聊一边玩着,游戏快结束了。你的朋友说了些什么,让你有了一个打赌的想法,这个赌是友好的。每掷一次骰子,你有1/6的机会得到6这一面,即16%的概率。这时,假设你的朋友掷了一下骰子,然后,迅速用她的手捂住,偷偷看了一眼说:"我现在可以告诉你,这是一个双数。"有了这个新信息,你的胜算上升到1/3,也就是33%的概率。当你考虑是不是要改变一下赌注时,你的朋友以开玩笑的口吻又加了一句:"而且,这不是4。"随着这个新增加的信息,你赢的概率再次发生变化，变成了 1/2，也就是 50% 的概率。

在这个简单的程序中，你运用的就是贝叶斯分析法。每一个新增的信息都会影响原先的概率，这就是贝叶斯推断（Bayesian Inference）。

贝叶斯分析法就是试图在过程中，整合所有可获得的信息进行推断或做出决策，以反映事物的本质。学院和大学用贝叶斯定理帮助学生们学习如何进行决策。在课堂上，贝叶斯的方法更多地被称为决策树，其中的每一条分支都代表着新信息，反过来会改变决策中的概率。查理·芒格说："在哈佛商学院，将第一年的课程联系在一起的量化理论是决策树理论。他们所做的，就是将高中所学的代数知识运用到现实中，解决现实生活中的问题。学生们都很喜欢这门课，因为他们惊喜地发现高中代数在生活中真的有用。"（OID）[8]

关于概率的主观解释

正如芒格指出的那样，基础代数在计算概率时是极为有用的，但为了将概率论运用到投资的实践中，我们还是需要对数字的计算进行更深一步的了解，尤其需要留意频率这个概念。

在抛硬币猜头像的游戏中，1/2 的概率意味着什么？或者说，掷骰子出现单数的概率为 1/2 意味着什么？如果一个盒子中装满 70 个红色弹球和 30 个蓝色弹球，这是否意味着拿到蓝色弹球的概率为 3/10？在所有这些例子中，确定事件的概率就是所谓的频率解读，它基于平均法则。

如果一个不确定事件持续重复无穷多次，那么，事件发生的频率就会反映为事件的概率。例如，如果抛一枚硬币 100 000 次，那么，预计硬币头像向上的次数会有 50 000 次。请注意，我没有说一定正好是 50 000 次。大数法则显示，只有在无限的重复次数下，相对频率和概率才会趋于一致。理论上讲，我们知道在一个公平的抛硬币游戏中，得到"头像"的机会是 1/2，但是，我们只有等到抛了无数次之后，才会说得到正反面的机会是均等的。

在与任何不确定性问题打交道时，很明显，我们不会做出最终肯定性的陈述。然而，如果这个问题的定义明确清晰，我们应该就能够列出所有可能的结果。如果一个事件重复的次数足够多，结果的频率应该就可以反映出不同可能性的概率。但当我们考虑的是一次性事件时，难题就出现了。

我们如何预测明天能顺利通过科学测验的概率？或绿湾包装工队重新夺得"超级碗"冠军的概率？我们面临的难题在于，这些都是独一无二的一次性事件。我们可以回顾绿湾包装工队过去所有的表现，但是我们没有足够的信息，反映球队的每一个队员在同样的环境中，在比赛阵型里的配合表现。我们可以回顾以前的科学测验，了解我们的测试结果，但是，所有的测验都不同，我们的知识也并不是一成不变的。

如果没有多次重复的实验提供一连串的频率分布，我们如何计算概率呢？答案是：我们没办法计算。取而代之的是，我们必须依赖一个基于概率的主观解读，实际上我们经常这么干。我们或许可以说，绿湾包装工队重新夺冠的概率是 2/3，或顺利通过考试的概率是 1/10。这些都是基于概率的表述，它们描述了我们对于事情的"确信程度"。当一个确定性的事件不可能重复得足够多，以至于基于频率表无法获得概率解读时，我们必须依靠自己良好的敏感度。

你可能立刻就会看到，对这两类事件的很多主观解读都会导致你走向错误的方向。在主观概率中，你必须分析你的假设。先停一停，想一想你的情形。你是不是假设有1/10的概率通过科学课测验，因为测验可能很难而你没有做好准备？或是因为故作谦虚？关于绿湾包装工队，是不是因为你对他们的长期忠诚蒙蔽了你的双眼，从而对其他球队的超强力量视而不见？

根据贝叶斯分析法的教科书，如果你相信你的假设是合理的，那么，对于一个确定事件，你的主观概率等于频率概率是"完全可以接受的"。[9]你所必须要做的，就是抛开那些不理智、无逻辑的假设，选择那些理智的假设。如果你将主观概率方法视为频率概率方法的延伸，这将会很有帮助。实际上，在很多情况下，主观概率具有附加值，因为这种方法让你将可操作性的方案置于考虑之中，而不仅仅是依靠长期以来的统计规律。

无论他们是否意识到这一点，投资者做出的几乎所有的决策都是概率的应用。为了获得成功，将概率原理与包含最新数据在内的历史记录结合在一起，是非常重要的，这就是贝叶斯分析法在实践中的运用。

巴菲特风格的概率论

"用盈利的概率乘以可能盈利的数量，减去损失的概率乘以可能损失的数量，这就是我们一直在做的事。"巴菲特说，"这并不完美，但是，这就是我们所做的全部。"[10]

弄清楚投资与概率论之间的联系，一个有用的例子就是风险套利的实践。根据《杰出投资者文摘》的报道，巴菲特在和斯坦福大学的学生分享自己关于风险套利的观点时说："风险套利这件事，我到现在已经干了40年。我的老板本杰明·格雷厄姆在此之前干了30年。"（OID）[11] 纯粹的套利指的是从同一个证券在不同市场上的价差中获利的行为。比如说，不同的商品和货币在世界各地多个市场均有报价，如果有两个不同的市场对同一种商品的报价不同，你就可以在一个市场上买进，在另一个市场上卖出，利用价差获利。

风险套利如今已经是非常普遍的行为，并经常伴随着公司的合并或收购（一些投机者在未公开的公司事件上进行套利，对于这种行为，巴菲特是刻意避开的，我们也应该学习巴菲特的做法）。巴菲特说："我的工作是评估（公开宣布的并购）事件的概率，以及损益比。"（OID）[12]

让我们在接下来的例子中以这样的场景作为开场白：假设，雅培公司以每股18美元开盘，在上午过半的时候，公司忽然宣布在今年的某个时候，或许是未来的6个月内，公司将以每股30美元的价格被出售给科斯特洛公司。此消息一出，雅培的股票立刻上升到每股27美元，然后稳定在这个价格附近。

当巴菲特看到宣布的合并消息，并需要做出决策时，首先，他试图评估确定性。有些公司的这类交易最终未能实现，董事会可能会出人意料地拒绝合并计划，或是美国联邦贸易委员会（Federal Trade Commission）发出反对的声音。没有人可以肯定一项风险套利方案最终是否可以达成，这就是风险所在。

巴菲特的决策过程就是主观概率方法的运用过程。他解释道："如果我认为一个事件有90%的概率发生，并且有3美元上升的机会，同时，它有 10% 的概率跌掉 9 美元，那么，2.70 美元的预期获利减去 0.90 美元的预期损失，还有 1.80 美元的数学预期回报。"（OID）[13]

接下来，巴菲特说，你必须考虑时间跨度，将这笔投资的相对回报与其他投资机会进行比较。如果你以 27 美元买了雅培的股票，根据巴菲特的计算，潜在回报率为 6.7%（1.80 美元/27 美元）。如果这项合并于 6 个月后完成，那么，这项投资的年化回报率为 13.2%。巴菲特会将这笔风险套利的回报与手中其他投资机会进行比较。

风险套利也会存在潜在损失，巴菲特坦言："我们十分愿意在一个特定的交易中承担损失，套利是一个例子，但是，如果是一系列彼此独立但类型相似、都具有亏损预期的交易，我们是不愿意介入的。我们希望介入那些我们可以有效计算概率的交易。"（OID）[14]

我们可以清楚地发现，巴菲特的风险套利预测采用的是主观概率法。在风险套利中不存在频率分布，每一笔交易都不同，每一个环境都要求不同的预期。但即便如此，在风险套利中应用一些理性的数学计算还是有价值的。

上述过程与投资普通股的过程并无不同，为了说明这一点，让我们看看伯克希尔投资普通股的两个经典案例——富国银行和可口可乐。

两个经典投资案例：富国银行和可口可乐

1990 年 10 月，伯克希尔 - 哈撒韦投入 2.89 亿美元，以每股

57.88美元的价格买入了500万股富国银行的股票。[15]通过这笔交易，伯克希尔成为该银行最大的股东，持有该银行已发行总股本的10%。

这是一个颇具争议的举动。这一年的早些时候，富国银行的股价一路飙升至每股86美元，然后，随着投资者大量抛售这家加利福尼亚州的银行，其股价急剧下跌。当时，西海岸正经历着严重衰退带来的伤痛。有些人推测，由于发放的贷款中有相当多的商业按揭和住宅按揭贷款，所以银行陷入了麻烦。在所有加利福尼亚州的银行中，富国银行的商业房地产贷款数量最多，所以，它被认为尤其脆弱。

对于有关富国银行的种种说辞，巴菲特了如指掌，但他得出的结论与众不同。是不是他了解到一些其他投资专业人士所不了解的情况？并非如此。他只是对情况进行了不同的分析。让我们沿着他的思路走一遍，这是一个清晰的案例，让我们看看巴菲特是如何运用概率论的。

首先，巴菲特非常了解银行的业务。伯克希尔在1969～1979年曾拥有伊利诺伊国民信托银行（Illinois National Bank and Trust Company）。在这期间，该银行的董事长吉恩·阿贝格（Gene Abegg）让巴菲特明白，一家管理优秀的银行，不仅有利润增长，而且其净资产收益率也很漂亮。尤为重要的是，巴菲特还了解到，一家银行的长期价值取决于公司管理层的行为。糟糕的管理层会发放愚蠢的贷款，增加运营成本；优秀的管理层总是会寻找方式削减成本，并且很少发放有风险的贷款。

富国银行的董事长卡尔·雷查特（Carl Reichardt）自1983年起管理这家银行，成绩卓著。在他的领导下，富国银行的利润增长和净资产收益率均高于同业平均水平，运营效率也处于全国最高水平之列，而且发放的贷款质量也很高。

巴菲特说："拥有一家银行绝非是毫无风险的。"[16] 然而，在他心中，拥有富国银行的风险围绕着三个方面的可能性。

"加利福尼亚州的银行面临一项特别的大地震风险，这可能会给银行的借款客户造成巨大浩劫，反过来摧毁发放贷款的银行。

"第二种风险是系统性的。严重的企业收缩或金融恐慌，可能会危及每一个高杠杆的机构，无论这些机构的管理如何精明。

"市场主要担心的是西海岸房地产价值因为过度建设而暴跌，这会给当初为支持房地产扩张发放贷款的银行造成巨大损失。"[17]

巴菲特说，现在，上述哪一种情况都不能被排除在外。然而，他得出的结论是，最佳的证据表明，发生地震或发生严重的金融恐慌的可能性很低。（巴菲特并没有给我们数字，但是一个"低"概率的意思是低于10%。）

然后，他将自己的注意力转向了第三种情况。他认为房地产价值的大跌对于像富国银行这样管理优秀的银行不会造成重大损失。巴菲特解释道："看些数字吧，目前富国银行的盈利不错，在减去3亿多美元的贷款坏账损失之后，年度税前利润超过10亿美元。如果富国银行发放的全部480亿美元贷款（不仅仅是它发放的房地产贷款）的10%，遭到类似1991年那样的重创，那么这样造成的损失（包括放弃的利息）平均下来就是资本金的30%。即便如此，富国银行依然可以保持盈亏平衡。"考虑到一家银行放贷资产有10%的坏账损失肯定属于严重的业务萎缩情况，它已是巴菲特所说的"低"概率事件。但是，即便这样的情况发生，富国银行依然可以处于盈亏平衡状态。巴菲特继续说："这样一个糟糕的年份，我们认为这是低概率事件且不太可能存在，不会令我们感到困扰。"[18]

在巴菲特列出的这几种情况中，任何一种情况对富国银行造成重大、长期损害的可能性都很低。但是，市场上富国银行的股价依然大跌了50%。在巴菲特的心中，买进富国股票获利的概率现在达到了2∶1，而失败的概率并没有相应地增加。

尽管巴菲特没有就其对概率的判断给出具体的数据，但这并未减少他思考过程的价值。使用概率进行思考，无论主观与否，都能够让你对一项交易具有清晰、理性的思考。巴菲特理性处理富国银行的方法让他在别人未能清楚思考的时候，就采取行动并从中获利。记住，巴菲特说："如果你认为经过概率加权后的所得，远远超过你加权后的损失，你就可以有意识地进行这项有风险的投资。"[19]

巴菲特对于可口可乐的投资是另一回事。如果富国银行的案例让我们看到，巴菲特是如何在不同的情况下，以不同的可能性进行逐一分析，那么，可口可乐投资案例就让我们看到，在绝对确定的情况下，巴菲特如何考虑概率的问题。在可口可乐投资案例中，我们会看到巴菲特行动的指导原则之一：在成功的概率非常高的时候，下大赌注。

在买入可口可乐时，巴菲特并未带我们走一遍贝叶斯分析法的流程。然而，他经常说，可口可乐代表了近乎肯定成功的可能性。可口可乐公司有超过100年的投资业绩数据可查，所以，它具有非常接近于频率分布的信息可供分析。运用贝叶斯分析法，加上后续信息，巴菲特可以看到罗伯特·戈伊苏埃塔领导的管理层正在做一些不同的事情，因为，戈伊苏埃塔卖掉了那些表现平平的业务，加强了对表现优异的饮料业务的投资。巴菲特知道可口可乐的财务回报会得到改善。此外，戈伊苏埃塔还在市场上回购公司股票，更加提升了公司的经济价值。

自 1988 年起，巴菲特就认为市场对于可口可乐股票的定价低于其内在价值 50%～70%。与此同时，他对公司的认可从未改变：可口可乐股票战胜市场的概率在上升、上升、再上升。那么，巴菲特会怎么做？从 1988 年到 1989 年，伯克希尔-哈撒韦投入了 10 亿美元买进可口可乐股票，这个数字超过了伯克希尔整个投资组合的 30%。到 1998 年年底，这笔投资的市值已经超过了 130 亿美元。

凯利优化模式

每次你踏足赌场，成为赢家的概率都极低。你不必对此感到惊讶，我们都知道庄家拥有最佳的概率。但有一种游戏，如果玩法得当，它会给你赢庄家的合理机会，这种游戏就是 21 点。有一本风行全球的畅销书，叫《击败庄家：21 点的有利策略》㊀(*Beat the Dealer: A Winning Strategy for the Game of Twenty-One*)，作者爱德华·索普是一位训练有素的数学家，他勾勒出了战胜赌场的流程。[20]

索普的策略基于一个简单的概念。当你手中的牌里有很多 10、头像牌和 A 时，玩家（比如说就是你）就具有了战胜庄家的统计优势。如果你给高分值牌分配 -1，给低分值牌分配 +1，你

㊀ 本书中文版机械工业出版社已出版。

就能很容易追踪所发的牌。你只需要在头脑中保持一个连续的记录，每发一张牌就做相应的增减。当你的数转为正数时，你知道有更多的高分值牌会出现。聪明的玩家会将他们最大的赌注存起来，押在牌点数达到相对较高的位置。

深藏于索普书中的是凯利下注模式[21]，而凯利的灵感来自信息理论的创始人克劳德·香农。

作为贝尔实验室的一位数学家，香农在20世纪40年代，将职业生涯中美好的一段时间用在寻找信息通过铜线传输而不被随机分子噪声所干扰的最佳方式。1948年，在一篇名为《通信的数学原理》的文章中，他描述了自己的发现。[22] 在文章中，他给出了关于如何通过铜线传输最佳信息量的数学公式，该公式考虑了成功概率的因素。

几年之后，另一位数学家J. L. 凯利（J. L. Kelly）读到了香农的这篇文章，他意识到这个公式可以轻易地被运用于赌场之上，这是人类了解成功概率的又一努力。1956年，凯利在一篇名为《关于信息率的新解释》的文章中，指出香农的各种传输速率和偶然事件的可能结果，从根本上而言，就是一回事，都是关于概率的问题，用同一个公式可以将两者优化。[23]

凯利优化模式经常被称为优化增长策略，它基于这样一种原理：如果你知道成功的概率，你就将你的部分资金押上，以得到最佳增长率。它的表述公式如下：

$$2p-1=x$$

在这个公式中，2倍的获胜概率减去1等于一个人应该押上的资金比例。例如，如果击败庄家的概率为55%，你应该押上10%的资金以使自己的胜利最大化。当概率为70%时，押40%

的资金。如果你有100%的把握获胜，该模式就会显示你应该投入全部的资金。

凯利公式在两个标准下可以达到最优：

（1）以最短的预期时间达到获胜水平；

（2）获得财富增长的最大速率。

例如，让我们假设有两个21点游戏的玩家，每人手中有1000美元的筹码，并有24小时来玩游戏。第一位玩家被限制每次只能下注1美元，第二位玩家可以根据出牌的具体情况而决定下注多少。如果第二位玩家遵循凯利优化模式，根据胜率调整下注的资金比例，那么在24小时结束的时候，他可能会做得比第一位好很多。

当然，股票市场比21点游戏要复杂得多，在21点游戏中牌的数量是有限的，因此可能出现的结果数量也有限。而股市上有成百上千的股票和数以百万计的投资者，最终出现的结果几乎拥有无限的可能性。因此在使用凯利优化模式投资的过程中，需要不断进行重新计算和调整。尽管如此，凯利优化模式将概率与投资规模用数学联系起来，对于集中投资者而言仍具有重大的意义。

让我们回到前面提到的那两个21点玩家玩24小时的例子。现在，他们不玩21点游戏了，他们转而在股市里投资。第一位投资者被限制每次只能投入自己资金总量的1%，第二位投资者被允许根据自己判断的成功概率而相应地变化投资金额。哪一个投资者能在规定的时间内使资金更快地增长呢？是那位明明知道并不是每只股票都具有同样的权重机会但每一次只能投资1%资金的投资者呢，还是那位等待高概率事件出现然后下大注的投资者呢？

我们没有证据显示，巴菲特在对伯克希尔进行资产配置时使用了凯利优化模式，但凯利的概念是一个理性的过程，在我心中，它极好地反映了巴菲特的思维。巴菲特建议投资者耐心等待，直到最佳机会出现，然后敢于下大注。在任何事情上，我发现凯利优化模式作为一个数学解释都是有用的，它有助于人们更好地理解投资组合的配置过程。

我相信凯利优化模式对集中投资者而言是一件非常有吸引力的工具。然而，只有那些运用得当的人才能从中受益。采用凯利优化模式也是有风险的，所以，了解它的三个局限应该是明智之举。

首先，任何有意投资的人，无论是否采用凯利优化模式，都应该树立长线投资的观念。即便是一个 21 点游戏玩家拥有一个肯定能击败庄家的模式，成功也未必在前几手牌中就可以显现出来，在投资中同样也是如此。有很多次，投资者选对了公司，但是市场自顾自地享受着自己悠闲的美好时光，并不急于对这一正确选择做出奖励。

其次，谨慎使用杠杆。无论是本杰明·格雷厄姆还是沃伦·巴菲特，对于（使用融资账户）借钱投资股市的风险都给出过警示。意想不到的平仓电话可能会在最不幸的时候发生，如果你以融资账户运用凯利优化模式，一次股市的大跌就会令你被迫离开高概率的赌桌。

最后，在高概率游戏中，最大的危险是过分押注。如果你判断一个事件成功的概率为 70%，而实际上概率仅有 55%，你就会遇到"凡赌徒必灭亡"的风险。减少这种风险的方法是保守押注，在运用凯利优化模式时采取减半或部分使用的方式，会增加你下注的安全性，并且会大大提升现实中的心理舒适度。例如，如果凯利优化模式告诉你投入你手中资金的 10%（这意味着有 55% 的成功概率），你可以选择只投 5%，而不是 10%，这就是半凯利优化模式运用法。这种部分凯利优化模式运用法为投资组合管理提供了安全边际，这样的安全边际加上我们挑选个股时采取的安全边际，为我们提供了双重保护。

由于过分押注的风险会大大超出保守押注的惩罚，投资者，尤其是刚刚涉足集中投资的投资者，应该使用部分凯利优化模式运用法。不幸的是，减少你的押注也会减少你的潜在回报。然而，因为凯利优化模式中的关系是抛物线式的，保守押注的惩罚并不严重，以半凯利优化模式为例，减少 50% 的押注，仅仅会减少 25% 的潜在回报。

现在似乎到了应该总结的时候了：

- 为了享有凯利优化模式带来的好处，你首先必须愿意以概率思维考虑股票的买入。
- 你必须愿意以足够长线的投资来获得回报。
- 你必须避免使用杠杆，以避免不幸的后果。
- 你每下一次注都应该保留一定的安全边际。

爱德华·索普说："凯利系统是为那些希望增长本金，并看着它们长期增长的人服务的。如果你有足够的时间、足够的耐心，那么，凯利优化模式正好可以为你服务。"[24]

保险就像投资

"保险很像投资。"巴菲特解释道，"如果你感觉自己必须每

天都进行投资，你会犯很多错误。"为了在投资上或保险承保上取得成功，"你必须等待良机的出现"。（OID）[25]

沃伦·巴菲特进入保险业是在1967年，那一年，伯克希尔－哈撒韦购买了美国国民赔偿保险公司。从那之后，巴菲特收购了数家保险公司，包括GEICO，最近的收购对象是通用再保险公司。GEICO是一家直接承销汽车险的公司，不需要中间经纪人代理。GEICO已成为一家低成本的保险提供商，它已经准备好在1000亿美元的汽车保险市场上攫取更大的份额。对通用再保险公司的并购涉及金额为160亿美元，于1998年年底完成。这项并购的完成，使伯克希尔成为全世界最大的可以为巨型灾难（Super-catastrophe，又称巨猫，Super-cat）提供再保险的公司。

巨灾保险的购买方通常是主要的保险公司，他们希望保护自己避免来自自然灾害的财务损失——主要是来自飓风或地震。典型的做法是，一家保险公司会选择在一起巨灾事件中承担一定程度的损失，超过阈值的部分会找另一家保险公司分保以分散风险。伯克希尔－哈撒韦公司不但为一般的保险公司提供巨灾保险，而且为其他希望分担最严重可能性事件的再保险公司提供保险。

如何为巨灾保险定价是一件很令人挠头的事，因为无论是频率分布还是精确的数据都很匮乏（地震和飓风发生的次数有限，不足以构成可靠的统计数据。而相比之下，汽车保险可以依赖大数法则）。"巨灾保险不能仅仅基于经验来推断，"巴菲特说，"例如，如果'全球变暖'是真的，那么情况的概率就变了，因为气候的一个小小变化会对天气模式产生巨大的影响。"巴菲特还说："近些年，美国沿海地区的人口和投保价值快速增长，这些沿海地区尤其脆弱，飓风的危害最为严重。一场20年前的飓风，现在可以轻易造成10倍的损失。"[26]

由于预测一场地震或飓风何时来临极为困难，你可能会认为对这类事件的预测完全是撞大运。但事实并非如此，巴菲特说："即便准确的评估这类风险是遥不可及的事，保险公司还是可以进行明智的承保。毕竟，你不需要知道一个人具体的年龄，如果他的年纪足够参与投票；或者，你不需要知道一个人具体的体重，如果你意识到他需要减肥的话。"巴菲特解释道。[27]这并不是完美的科学，这一类不确定性可能会引起其他人的一些担心，但巴菲特并不担心。巴菲特说："就我而言，确定性就是我们有世界上最佳的人选来管理巨灾险保业务，他就是阿吉特·杰恩，对于伯克希尔-哈撒韦来说，他的价值是无比巨大的。"[28]

阿吉特是一位"开创型的天才"，他是伯克希尔巨灾保险的开创者。阿吉特出生于印度，毕业于哈佛大学商学院，在加入伯克希尔旗下的国民赔偿保险公司之前，他在IBM和麦肯锡工作过。阿吉特前瞻性地预见了大型巨灾保险需求的上升，而伯克希尔的财务实力使其具有强大的竞争力。

像巴菲特一样，阿吉特也强烈地意识到概率主观解读技能的重要性。"现实中的巨灾保险业务并没有很多的数据可供分析。开始时，你所能着手的只有历史数据，然后，你做出一些推测。这是一个非常主观的艺术形式。"[29]

巨灾保险业务是一个低频、高危事件环境的完美案例，集中投资也是如此。请记住，集中投资者下注不多，但总是在高概率上下注。如果管理得当，集中投资组合失败的频率会很低，但是，一旦发生失败，后果会很严重。这时，投资会遭受高于平均水平的重创。

关于集中投资和巨灾保险，我曾经有机会问过查理·芒格。他微笑着告诉我："二者的思路是完全一致的。"[30] 如果是这样的话，巨灾保险的历史为我们预测集中投资者的未来提供了一个思路。巴菲特说："就其性质而言，巨灾保险是所有保险业务中最具波动性的。由于现实中巨型灾难发生的次数有限，我们的巨灾保险业务在大部分年份里，看起来利润是丰厚的，但偶尔（当巨灾发生时）会记录巨额亏损。然而，你必须知道的是，一个真实的巨大灾难不是可能会发生，而是肯定会发生，唯一的问题是它什么时候发生。"[31]

在大多数年份里利润丰厚，在偶尔的年份里亏损巨大，在某些时点遭受重创——这些概括可以描述集中投资，也可以描述巨灾保险。（回头想一想，我们在第4章提及的集中投资者的历史业绩表现：凯恩斯、芒格、鲁安和辛普森。）巨灾保险有这么大的潜在损失风险，为什么巴菲特还要推广这种保险业务呢？正是出于同样的原因巴菲特拥抱了集中投资。

"我们会时不时地遭受重大损失，"巴菲特解释道，"然而，芒格和我十分愿意接受这种相对波动的结果，以换取长期比选择其他对象更好的盈利。大多数管理层选择平滑业绩，这使我们具备了竞争优势，因为我们追求效益最大化。换言之，我们宁愿要颠簸起伏的15%的回报，也不要四平八稳的12%的回报。"[32]

一切都是概率

根据《杰出投资者文摘》的报道，在一次南加州大学的演讲中，芒格解释说："我喜欢的模式——用一种简单的方式对股票市场所发生的事进行分类，是赛马场上赌金分成的计算方法。你仔细想想，这种赛马场上的赌金分成系统实际上就是一个股市。每个人都会冲进去下注，胜算概率基于赌注的变化而变化。这正是股票市场上发生的情形。"（OID）[33]

顺着这个思路推理，芒格以他独有的方式解释道："就连傻瓜也能看出，一匹马如果具备负重轻、纪录好、位置好等优势，就比另一匹纪录不佳、体重超重的马更有可能取胜。但是，当你看到劣马的赔率是100∶1而良马的赔率是3∶2时，从统计的角度而言，你很难说哪一个赌注最好。价格就是这样变来变去，你很难战胜系统。"（OID）[34]

芒格所用的赛马场比喻是对投资者完美的写照。在很多情况下，投资者会被那些成功比例不高、概率令人难以置信的游戏所吸引，因为各种原因，他们永远都不会赢。投资者有时也会选择确定的事，但没有考虑回报。对我而言，无论是在赛马场还是在股票市场上，最切合实际的做法是，耐心等待，直到良马出现有利概率时再出手。

安德鲁·贝依（Andrew Beyer）是《华盛顿邮报》的专栏作家，他还写了数本有关纯种赛马的书籍。他花了很多年观察赛马赌徒的行为，他看到很多人因为冲动急躁而输了很多钱。与其他地方一样，在赛马场上，赌场心理——急不可耐开始行动的冲动，下注、掷骰子、拉杆等推动着人们愚蠢地下注，对于自己在做什么，人们根本没有花些时间进行深入的思考。

贝依很了解这种急于参与游戏的心理冲动，他建议玩家考虑将赌注策略性地分为两种：冲动赌注和重要赌注。重要赌注为那些认真的玩家而设，要满足两种情况：（1）对一匹马的获胜信心十足；（2）回报概率大大高于平常。

重要赌注要求大笔的钱。而冲动赌注，正如其名，是为那些并无胜算、仅为满足心理需求的人而设的。它们只是小笔的赌注，永远不要将大钱押在冲动赌注上。

贝依说，当赌马者开始混淆重要赌注和冲动赌注时，他就会"无可避免地陷入糟糕混乱的局面，丧失自己选择强弱之间的平衡"。[35]

一种新的思维方式

如果你觉得在投资决策中融入数学和概率的计算这个主意听起来还是很恐怖的，那么你不会是唯一这么想的人。正如查理·芒格曾经说的那样，大多数人"在与普通概率和数字打交道时，都显得笨手笨脚"。(OID)[36] 那么，是否还值得为之努力呢？毫无疑问，值得。

或许，让我们暂时缓一缓，不妨先回顾一下我们在这章里已经学习过的内容，这会对我们有所帮助。

我们首先注意到的事情之一，是沃伦·巴菲特管理投资组合的方法，他相信应该在大概率事件上下大赌注。这令我们提出第一个问题：什么是概率？我们如何确定概率？

概率的计算

如果你所调查的环境仅仅有几种有限的可能性，那么，概率计算就是一个简单的算术问题。一个骰子仅有 6 个面，落地时任何一面向上的概率都是 1/6。

如果存在无限多种可能的结果，或通过回顾你可以发现大量案例，那么你就可以在频率分布上得出概率。这就是我们预测长期天气的模式，这也是我们基于驾驶员的不同类别建立汽车保险费率的方法。

如果可能的结果有无限种，但是你没有足够的信息得出频率分布，那么你必须进行主观解读，尽可能多地搜集信息，并进行彻底的分析。在这种情况下，你得到的概率反映出你对自己分析的自信程度。

无论使用哪一种方法，一件具体事件最终会发生的概率会以百分比的形式表现出来：50%、70%……诸如此类。

这就是你基于当时能够得到的最佳信息，做出的最佳概率推测。但是，如果有新的信息出现，应该怎么办呢？

调整计算以整合新信息

假设有新的信息出现，并清楚地显示，根据环境的变化，事件的结果不止一个。那么，你会面临一个决策树：

如果 X 情况发生，成功的概率为 55%；

如果 Y 情况发生，成功的概率为 70%。

这就是贝叶斯分析。因为存在着不同的变量，你的答案会更为复杂，但流程是一样的：考虑每一种变量，尽可能多地搜集数据，尽可能彻底地深思熟虑。然后，对于每一个可能的结果进行概率计算。如果你擅长速算，会很有帮助，但这并非必要的天赋。

现在，我们对概率已经有了充分的了解，可以回答第二个问题了:你应该赌多大?换句话说,你应该下多大的注?

决定下注的大小

凯利优化模式会告诉你下注的大小,并以分数的形式表示。当情况复杂多变时,就像在股市里那样,你可能不会死板地套用公式,你必须估计各种持续变化的力量,但基本的概念是一致的:随着概率的上升,投资数量越来越大。

现在,我们面前有了两块重要的"拼图":概率和投资规模。还有一个问题:应该什么时候动手?答案是:应该等待时机,等到有利的机会出现时动手。

观察胜利的概率

在赛马比赛中,被大家看好的马拥有最高的胜算。但如果投注比率为3∶2,这时可能并非下注的好时机,因为盈利的潜力并不特别令人激动。但如果你得到信息,说另一匹马也具有很高的胜算,且投注比率更吸引人,那么这才是你应该下大注的对象。

概率论与股票市场

现在,让我们将注意力挪开一下,离开赛马场,离开理论,将上述的一切统统放在股票市场上,思路是一样的。

1.计算概率。作为一个集中投资者,你会将投资对象严格地限制在为数不多的几种股票上,因为你知道,长期而言,这是你战胜市场的最佳机会。所以,当你考虑买入一只新股票时,你的目标是确定你的选择能战胜市场。这时你所关心的是这样的概率问题：随着时间的推移，这只股票跑赢大盘的机会有多大？

如果可能的话，使用频率分布和主观解读；如果无法获得相关信息，则运用你最佳的推测。看一看你所选择的投资标的与巴菲特投资准则（见第1章列出的框架）的相符程度。尽你最大的努力去搜集相关公司的信息，用这些准则对公司进行衡量，并将你的分析转化为数字，这个数字对你而言，代表这家公司成为赢家的可能性。

2. 根据新信息进行调整。你要耐心等待，密切注意公司的一举一动，直到出现对你有利的概率。公司管理层是否开始有不负责任的举动？财务决策是否开始变化？在同业竞争环境中，是否出现新的变化？如果出现上述情况，概率就可能会发生变化。

3. 决定投资规模的大小。在你掌控的所有投资股市的资金中，有多少比例应该投资到这个选中的对象上？使用凯利公式，然后向下调整，或许要下调一半。

4. 等待最佳时机。当你具有了安全边际，成功的概率会对你有利。情况越是不确定，你需要的安全边际越大。在股票市场上，安全边际来自股价的打折。你喜欢的公司的股价低于其内在价值（在你分析概率的过程中确定）的时候，就是你行动的时候。

非常清楚的是，我确信，上述流程是一个循环往复的过程。当环境发生变化，概率会随之改变；当概率发生变化，你就需要新的安全边际，这样，你必须调节你的感觉——对接下来的最佳概率是什么的感觉。如果这看起来太难，那么想一想你每次开车时会面临的数百种选择，你需要一直进行调整，以应付周围发生的情况。涉及股票的话，难度就更高了，因为事关你和其他人的安全，并且在做应变的时候，你甚至没有进行有意识的思考。相比之下，专注于少数几家公司要相对容易得多，这只是个经验问题。

查理·芒格说："人类并没有被赋予在任何时候了解任何事情的天赋，但那些努力工作、寻找和筛选错误定价背后下注机会的人，偶尔会发现一个机会。"他进一步说："当世界提供这样的机会时，聪明的人会下重注。当胜算很大时，他们会下大注。在其他时候，他们不会这样。就是这样简单。"（OID）[37]

数字美学

这个世界充满了热爱数字的人，他们对于纯粹数学的尊崇，就像另一些人对于古典音乐或雕刻精美的古董家具的痴迷一样。对他们而言，谈论概率计算本身就是一件让人乐在其中的事。

对其他人而言，数学只是一件做事或提升认知的工具。就像所有工具一样，本章提到的数学需要我们花时间去适应，你运用它实践得越多，它就变得越容易。

芒格说："你必须以一种非常有用的方式学习这些初等数学，并且在日常生活中使用。如果你不能将这种初等概率数学融入你的日常本领之中的话（尽管会不太自然），那么你的一生就像一个只有一条腿的人参加了一场糟糕的比赛，你给其他人提供了巨大的优势。"（OID）[38]

毫无疑问，巴菲特的成功与数字有着紧密的联系。芒格坦诚说："我与巴菲特共事这么多年，据我了解，像巴菲特这样的人，他的优势之一是他的思维模式会自动切换到决策树模式，以及初等数学的排列和组合模式。"（OID）[39] 而大多数人不会这样。大多数投资者在心理层面不具有多角度思考的倾向，他们倾向于分门别类地做决策，而忽视概率的计算。

以概率的方式进行思考并非不可能，只是它要求我们以不同的方式考虑问题。进一步来说，如果你的投资假设不以统计概率来表示，可能你的结论也是感情用事。而感情用事，正如我们将在下一章所看到的，将会使我们误入歧途，尤其是对于金钱的感情用事。

但是，如果你能教会自己用概率思维，你将会走上获利之路。可口可乐或其他任何杰出公司的股价大幅低于其内在价值，这样的事并不经常发生。一旦这样的机会出现，你应该在财务上和心理上都做好下大注的准备。同时，你应该对股票保持持续的关注，相信总有那么一天，市场会给你一个令人难以拒绝的绝佳的投资机会。巴菲特说："芒格和我意识到，我们永远不会成为漂亮50，更不要说成为漂亮20。因此，为了应对我们的投资组合里注定不可避免的事，我们多增加了一些高概率因素。"[40]

| 第 7 章 |

投资心理学

　　我几乎是在违背自我意愿的情况下,想到误判心理学的。我一直在拒绝它,直到我意识到自己的态度让我损失了大量的金钱。

——查理·芒格

心理学与人类行为的复杂多变有关，但心理学在有效市场理论和现代投资组合理论中并无一席之地。根据市场有效理论倡导者的观点，市场是有效的，因为投资者充分享有全部信息的好处，能够迅速、理性地确定价格。

但是问题在于，对于金钱，人们什么时候会变得理性呢？

人类的生存会涉及很多方面，其中与金钱的关系牵扯的感情因素最多。在我们的生活中，相比于其他方面的行为，我们在做财务决策时会更具感情色彩、更不符合逻辑。不考虑人性因素而试图全面搞懂财务问题，就像带着一个指南针去航海却没拿地图一样，如果这样做，你就已经忽视了一半的公式。

当我们讨论股市时，将人性因素考虑在内，这点尤其重要。环境越是抽象（对很多人而言股票就是一个抽象的东西），无形的心理因素就越有力量。正如我们将会看到的那样，很多驱动人们购买股票的决策只能用人类行为学原理来解释。并且，因为市场是由所有股票参与者的集体决策混合而成，所以可以毫不夸张地说，整个股市就是被心理力量前推后拉着的。

有效市场理论已经被广泛接受，以至于任何有关市场的讨论（包括心理学概念）几乎都充斥着自命不凡的态度，直到最近也依然如此。然而，在过去的几年，我们看到了一些革命性变化——一些从人类行为的框架中看待金融的新方法。这种将经济学和心理学结合而成的学科被称为行为金融学，现在，它已经从大学的象牙塔里走出来，成为专业投资人信息交流的一部分。如果这些专业人士回头看，他们会发现本杰明·格雷厄姆微笑的样子。

本杰明·格雷厄姆

本杰明·格雷厄姆是公认的金融分析之父,他教导了三代人如何在股市中航行。毫不夸张地说,他的价值投资方法帮助了成百上千人挑选股票,但人们常常忽略格雷厄姆在心理学和投资学方面的教诲。在《证券分析》和《聪明的投资者》两本书中,格雷厄姆花了大量篇幅,解释投资者的情绪是如何引发股票市场的波动的。

格雷厄姆认为,投资者最大的敌人不是股票市场,而是他们自己。即便在数学、金融、会计方面拥有超强的能力,但如果不能把控自己的情绪,投资者也不可能从投资过程中获利。

作为格雷厄姆最著名的学生,沃伦·巴菲特解释道:"格雷厄姆的方法有三个重要原则。"第一个是将股票视为企业,这"会给你一个完全不同的视野,让你有别于股市中的大多数人"。第二个是安全边际的概念,这"会赋予你竞争优势"。第三个是用一个真正投资者的态度来看待股市。巴菲特说:"如果你有了这样的态度,你就已经领先了股市中99%的人,这是一个非常巨大的竞争优势。"(OID)[1]

格雷厄姆说,培养投资者的态度,是让其在财务和心理上都做好应对股市不可避免的上下波动的准备,不只是在知识层面上知道下跌可能会发生,还要在下跌的确发生时具备情绪上的稳定能力,知道如何做出恰当的反应。在格雷厄姆看来,一个投资者对于下跌的恰当反应,就应该像一个企业拥有者面对一个毫无吸引力的出价时的反应一样:视而不见。格雷厄姆说:"真正的投资者永远不会被迫出售他的股份,并且在任何其他时候他都应该有无视当前市场报价的自由。"[2]

为了将他的观点讲清楚，格雷厄姆创造了一个寓言式的角色，他称之为"市场先生"。众人皆知的"市场先生"的精彩故事，很好地诠释了股票价格如何以及为什么周期性偏离理性的轨道。

想象一下，你和"市场先生"两个人是一家未上市企业的合伙人。每天，"市场先生"都会毫无例外地给出一个报价，按照这个价格，他愿意购买你持有的股份或卖给你他持有的股份。你们共同持有的企业非常幸运，经济情况很稳定，但"市场先生"的报价一点儿也不稳定。因为"市场先生"的情绪并不稳定。在一些日子里，他会兴奋雀跃，满眼都是光明灿烂的未来，这时他的报价会非常高。而在另一些日子里，他会垂头丧气，满眼都是困难重重的未来，报出的价格就会非常低。

格雷厄姆说，这位"市场先生"还有一个讨人喜欢的性格特点：他从不介意被冷落。如果他的报价无人理睬，他明天会带着一个新报价再来。格雷厄姆警告说，有用的不是"市场先生"的智慧，而是他的钱包。如果"市场先生"表现得愚蠢，你就可以自由选择忽略他或利用他，但是如果你被他的情绪牵着鼻子走，那将会是灾难。

格雷厄姆说："如果因自己的持股遭遇不合理的市场下跌而惊慌失措或过分担心，投资者就会反常地将自己的优势转化为劣势。如果是这样，那些没有股市报价的投资者反而会更好，因为他们避免了其他人的错误定价所引起的心理痛苦。"[3]

不要因为别人的误判而惊慌失措，这是格雷厄姆教的一课。对此，巴菲特学得非常好，他极力主张其他所有人都学习这重要的一课。我们就很容易明白，为什么巴菲特会在数个场合将"市场先生"的故事分享给伯克希尔公司的股东们。巴菲特提醒大家，成功的投资者需要良好的企业判断力，需要具备保护自己避开"市场先生"情绪旋涡的能力。正如他提醒自己一样，通过"市场先生"的故事，远离市场的愚蠢。

"市场先生"，遇见查理·芒格

60多年前，本杰明·格雷厄姆便开始记录股票市场上存在的非理性行为，以及投资者如何在市场的错误中保护自己。然而，这么多年过去了，投资者的行为几乎没有改变，他们仍然非理性地行动。恐惧与贪婪仍然弥漫在市场上，愚蠢的错误仍然普遍存在。

带有偏见的思维始终围绕着我们，如果我们可以诚实面对的话，我们会发现这些现象在我们的朋友、家人以及关系紧密的同事中随处可见，甚至在我们自己身上也能看到。如果这样对待身边的人令人不太舒服的话，我们可以看看专业人士的研究报告中提到的有趣现状。1997年，加利福尼亚大学的行为经济学家泰伦斯·奥登（Terrance Odean）发表了一份研究报告，题为《为什么投资者交易过于频繁？》在这份报告中，他总结了对1万名匿名投资者的观察结果。

在为期7年（1987～1993年）的观察中，奥登通过一家主流折扣经纪公司随机挑选了1万个账户，追踪了97 483笔交易。首先，他发现这些账户的年平均换手率为78%，这意味着这些投资者每年会将自己投资组合的80%卖掉，然后再买进。接下来，他将这些账户与市场进行比较，期限分别为4个月、1年和2年，得到了两个令人吃惊的结论：（1）他们买的总是紧跟在市场后面的股票；（2）他们卖出的实际上是跑赢大市的股票。奥登计算了一下，以1年期为例，那些卖出的股票比买进的股票在扣除佣金之前，其平均回报高出3个百分点。[4]

究竟是什么使得人们热衷于这种低效的交易行为呢？由于不可能一一询问这1万个投资者心中到底是怎么想的，因此我们不知道具体的原因，也许有1万个不同的原因。但是我们可以肯定地推导出一个结论：当遇见与金钱和投资有关的问题时，人们的判断一般会出现失误。

或许我们研究得还不够深入，尽管我们已经能够识别非理性行为，但我们还不能准确解释为什么投资者会选择这条荆棘丛生的小路。答案可以在误判心理学的深刻分析中找到，为了开始这方面的探讨，我们可以向查理·芒格寻求帮助。

芒格对于人类在不同领域中积累的知识进行了深刻的思考，并将它们融合在一起，得到真正的智慧。在第1章中我们提到过芒格的格栅理论。他说，很显然，在投资中我们需要了解基本的会计和金融知识，也需要了解统计学和概率论。但是，心理学是我们需要学习的最为重要的领域之一，芒格尤其强调要学习误判心理学。

芒格认为，一个关键的问题是我们的大脑在分析事情时喜欢走捷径。我们会很轻易地跳到结论，我们容易被误导，容易被操纵。芒格说："以我个人而言，我就是这样的，所以，我现在使用一种双轨分析法。首先，理性地考虑一下，什么才是真正支配相关利益的因素？其次，大脑在潜意识层面会自动做一些事情，其潜在影响是什么？它总体来说是有用的，但经常是有问题的。"

（OID）[5]他在投资决策中使用这种双轨分析法：首先，考虑理性的预期与概率；然后，仔细评估心理因素。

对于误判心理学的深入综合解读将会占据本书的巨大篇幅。然而，心理学中有几个重要的地方值得我们注意。有讽刺意味的是，对这个课题最佳的思考来自芝加哥大学的经济系，芝加哥大学经济系是一个以出诺贝尔奖获得者而闻名的机构，获奖的研究方向恰是理性投资者条件的有效市场理论。然而，随着理查德·塞勒——一位曾于康奈尔大学任职的经济学家的加入，事情有所改变，塞勒只有一个目标——质疑投资者的理性。

行为金融学

行为金融学是一门调查研究的学问，它通过运用心理学理论寻求市场失效的原因。观察到很多人在处理自己的财务时，经常犯愚蠢的错误和做出不符合逻辑的假设，包括塞勒在内的学者们开始进一步在心理学方面进行深入研究，以期解释人们在思维方面的非理性。正如我们所说的，这是一个相对较新的研究领域，但非常令人着迷，而且对那些聪明的投资者极其有用。

过度自信

一些心理学的研究指出，判断失误产生的原因是人们一般会过度自信。如果你在一大群人中做抽样调查，问他们是否认为自己的驾驶水平超出平均水平，绝大多数人都会说自己是个优秀的驾驶员，这就留下了一个疑问：谁是糟糕的驾驶员？另一个例子出现在医学专业，当被问到的时候，医生们认为他们有90%的信心诊断出肺炎，但事实上他们仅有 50% 的准确率。

自信本身并不是坏事情，但过度自信是另一回事。当我们处理财务问题时，过度自信尤其有害。自信心爆棚的投资者不但自己会做出愚蠢的决定，而且作为一个整体，他们的行为对整个市场也有着巨大的影响。

一般而言，投资者都会显示出高度的自信。他们相信自己比其他任何人都更聪明，并能选出获利的股票，或者，至少能选出可以打败市场的基金经理。这些人具有一种倾向，那就是高估自己的能力和知识。典型的表现就是，他们非常依赖那些可以肯定他们行为的信息，同时忽视那些相反的信息。此外，他们的头脑会倾向于处理那些唾手可得的信息，而不会寻求那些鲜为人知的信息。

关于投资者的过度自信，我们有什么证据吗？在有效市场理论中，投资者被假设为买入并持有股票，然而在过去的数年中，我们经历了股市成交量的大幅上升。理查德·塞勒认为，投资者和基金经理们都认为自己天赋异禀，认为他们比其他投资者更聪明，能够获得更好的信息，并获得利润。

过度自信可以解释为什么这么多的基金经理会做出错误的市场预测，他们对自己掌握的信息太过自信，他们的自信超出了自身的实际。如果所有的市场参与者都认为自己的信息是正确的，并且认为自己掌握了其他人没有掌握的信息，结果就会是交易量的大增。

普林斯顿大学心理学和公共事务学教授丹尼尔·卡尼曼说："最让人难以置信的一件事是，你并不比一般人更聪明。"[6] 令人清醒的现实是，并非每个人都具备超越平均水平的能力。过度自信不仅有助于解释过度的交易行为，还可能有助于解释过去几年市场经历的巨大波动。卡尼曼认为过度自信可能会触发美联储主席艾伦·格林斯潘所警告的"非理性繁荣"。尽管分析师们对股市的高估值已有警告，但投资者们还是蜂拥入市。

过度反应偏差

塞勒指出，近来的几份研究报告表明了人们是如何将重点放在为数不多的偶然事件上并自认为发现了趋势的。投资者尤其执着于最新得到的信息，并依此进行推断，例如他们心中会以最近公布的财报为信号，推断未来的盈利。然后，他们相信自己看到了别人没有看到的东西，并在这种粗浅的推理中迅速做出决定。

当然，过度自信在这里发挥了作用，人们都相信自己对信息的理解和解读比其他人更清楚、更好。不仅如此，过度自信会由于过度反应而加剧。行为学家发现人们趋向于对坏消息反应过度，而对好消息反应迟缓，心理学家将这种现象称为过度反应偏差。如果短期财报不佳，投资者典型的反应是莽撞的、不加思考的过激反应，这不可避免地会对股价造成影响。

塞勒将这种过于关注短期信息的行为描述为"短视"（医学上称近视），他认为如果每个月没有收到月结单通知的话，大多数投资者的情况会更好一些。在一项与其他行为经济学家的共同研究中，他以戏剧性的方式证明了自己的观点。

塞勒和他的同事让一组学生在一个模拟的投资组合里分别配置股票和国债。但首先，他们让学生坐在电脑前，模拟一个投资组合为期 25 年的回报。一半的学生被给予大量的信息，信息反映出市场波动的特征以及不断变化的股价。另外一组学生只被提供了为期5年的周期性表现。塞勒让每组学生为未来40年配置自己的投资组合。

那组被大量信息（其中有些信息不可避免地涉及亏损内容）不断轰炸的学生，仅仅配置了40%的资金到股票上；另一组仅仅被提供周期性信息的学生，将70%的资产配置在了股票上。每年，美国国家经济研究局和哈佛大学约翰·F.肯尼迪学院都会联合办年度行为学大会，塞勒在大会上进行了演讲，他告诉这些学生："我给你们的建议是，投资到股票上，然后，不要打开邮件。"[7]

塞勒的另一项研究也非常有名，它证明了短期决策的愚蠢。他将纽约证券交易所上挂牌的所有上市股票按照过去5年的表现排名。他挑选出35只表现最佳的股票（它们上涨最多）和35只表现最差的股票（它们下跌最多），以这70只股票建立了一个模拟投资组合。然后，持有这个投资组合5年，观察这些"输家"如何在40%的时间跑赢之前的"赢家"。在现实世界中，塞勒认为很少有投资者可以坚忍不拔，在股价出现下跌时抗拒过激的反应，因此，当"输家"开始转换方向时，他们会错失利益。[8]

这些实验很好地验证了塞勒关于投资者短视的观念——短视导致愚蠢的决策。这种非理性反应的短视部分源于心理学上的另一个原理：我们与生俱来的对于损失的规避。

损失厌恶

根据行为学家的观点，亏损带来的痛苦远远大于盈利带来的愉悦。塞勒以及其他专家们进行的很多实验表明，人们需要双倍的正面影响才能克服一单位的负面影响。在胜负各半的赌注中，如果机会正好均等，大多数人就不会冒险，除非潜在回报是潜在损失的两倍。

这就是不对称损失厌恶：下跌比上升具有更大的影响，这是人类心理学的一个基本原理。运用到股票市场上，这意味着投资者亏损感觉到的痛苦是赚钱带来的愉快的两倍。这种推理的线索可以在宏观经济学理论中发现，宏观经济学指出，在经济景气的时候，消费者通常每赚 1 美元就会额外提升消费 3.5 美分。但是，在经济下滑期间，消费者在市场中每损失 1 美元，削减的消费几乎是上述的两倍（6 美分）。

在投资决策方面，损失厌恶的影响是显著而深刻的。我们都希望相信自己做出了正确的决策，为了维护自己认为正确的看法，我们就会长时间持有坏的选择对象，怀着前景不明的希望，希望有一天事情能好转。因为，只要不卖出那些"输家"，我们就永远不必面对我们的失败。

避免损失的心理还会导致投资者投资行为上的过分保守。401（K）计划的参与者，他们的投资期限通常以数十年计，但所持债券的比例依然达到 30%～40%。为什么会这样？只有严重的损失厌恶才会让人如此保守地配置资金。但是，损失厌恶也能够以一种更加迅速的方式影响你，就是让你非理性地紧握那些亏损的股票不放。没有人愿意承认错误，但是，如果你不卖掉一个错误的选择，你或许就失去了一个通过聪明的再投资抓住潜在利润的机会。

心理账户

行为金融学中最后一个值得我们关注的方面，心理学家称之为"心理账户"。它指的是当周围环境变化时，我们会改变对金钱看法的习惯。我们倾向于在心中将资金放在不同的"账户"里，这决定了我们如何思考使用它。

一个简单的例子可以用来说明问题。让我们想象一下，你和你的配偶晚上刚刚从外面回到家，你掏出钱包准备付钱给为你看孩子的人，但是忽然发现原本钱包里有的 20 美元现在不见了。所以，你在开车送保姆回去的路上，找到一个 ATM 机，取了 20 美元给她。第二天，你发现那 20 美元就在你的大衣口袋里。

如果你与大多数人一样，你的反应会是欢欣雀跃。口袋里的 20 美元是"新发现"的钱，即便第一个 20 美元和第二个 20 美元都是来自你活期账户里的钱，并且都是你辛苦工作所得，但是现在你手里的这 20 美元是你没料到的，你感到可以随便花掉它。

理查德·塞勒提供的一项有趣的学术实验再一次验证了这个概念。在这个研究中，有两组人。第一组人被给予 30 美元，并被告知他们有两个选择：（1）将钱装进兜里走人；（2）参与一个抛硬币的赌局，如果赢了他们将额外得到 9 美元，如果输了他们会失去 9 美元。大多数人（70%）会选择参与赌局，因为他们认为即便输了，他们还有 21 美元。

第二组人被给予不一样的选择：（1）参与抛硬币，如果赢了他们会得到 39 美元，如果输了他们会得到 21 美元；（2）不参与抛硬币，直接拿到 30 美元。超过一半（57%）的人决定直接拿钱。

实际上，两组人具有同样的概率赢得同样数量的钱，但是，他们对于情况的感知不一样。[9]

上述实验的意义很清楚：我们如何决定投资，我们如何选择管理这些投资，在很大程度上与我们如何看待金钱有关。例如，心理账户就被认为是人们不愿意卖掉表现欠佳股票的一个原因，因为在人们的心里，只要不卖掉，就不会发生真实的亏损。另一个强有力的联系与风险有关，关于风险承受力的全面影响将在本章稍后的部分讲到。但是，有一点是清楚的：我们更喜欢用白得的钱冒险。在更广泛的意义层面上，心理账户突出了有效市场假说的一个弱点，它证实了市场价值不仅仅取决于信息的汇总，还取决于人们如何处理信息。

这个让我们大家都感到兴奋的研究具有无穷的迷人力量。令我尤其感兴趣的是，它在投资中扮演了极其重要的决策，这个世界通常被假定成是被冰冷的数字和乏味的数据所主导的。当我们必须做投资决策时，我们的行为有时是不稳定的，经常是相互矛盾的，偶尔甚至是愚蠢的。有时我们不合乎逻辑的行为会持续下去，并且没有清晰的模式可寻。我们或是由于莫名其妙的原因做出了好的决策，或是由于原本就很糟糕的原因做出了坏的决策。

尤其值得警惕，也是所有投资者都需要明白的是，他们往往不会留意自己做出的错误决策。为了全面了解股市和投资，我们现在知道，必须了解自己的非理性。误判心理学的研究对于投资者的价值，丝毫不亚于分析资产负债表和利润表。你或许精通公司估值的艺术，但是，如果你不花些时间搞清楚行为金融，你就会很难改善你的投资组合策略和投资表现。

风险承受力

如同一块强力磁铁会将周围的金属物件都吸附到身上一样，你的风险承受力水平反映了金融心理学的所有要素。心理学概念是抽象的，它们在现实中体现在你每天的买进、卖出的决策上。贯穿于所有这些决策中的常见主线，就是你对风险的感知。

在过去的十几年中，投资界的专业人士花了大量精力帮助人们评估他们的风险承受力。证券经纪商、投资顾问、财务规划师都观察到了个人行为的持续变化。当股市上升时，投资者会大胆加仓股票；而当股市停滞不前时，投资者会将资金调回到固定收益证券上。

1987年的股市崩盘就是一个很好的例子。由于股市大跌，一夜之间，很多投资者戏剧性地将他们投资组合中的股票全部卖掉，买入了债券或其他固定收益证券。这种来回跳跃、时而激进时而保守现象的存在激发了人们对风险承受力的研究。

起初，投资顾问以为评估风险承受力这件事并不复杂。通过面试和问卷的形式，他们就可以为每一位投资者建立一个风险偏好档案。但问题在于，人们的风险承受力建立在情绪上，也就是说人们的风险承受力会随着环境的变化而变化。所有影响我们对金钱态度的心理学原理，同样会影响我们对风险的反应。当股市大幅下跌时，即使是那些在风险偏好档案中被描述为"激进"的投资者也会变得谨慎畏缩。在牛市来临的时候，不仅是激进的投资者，就连那些保守的投资者也都会加仓股票。

还有一个因素也在发挥作用，那就是我们曾经提到过的过度自信。在我们的文化中，冒险者会广受尊敬，受此影响，投资者倾向于认为自己比实际上更能承受风险。他们的表现正是心理学家D.G.普鲁特（D. G. Pruitt）所说的"沃尔特·米蒂效应"。[10]

早在20世纪30年代，美国最伟大的幽默作家之一詹姆斯·瑟伯写了一篇轻松愉快的短篇小说，名为《沃尔特·米蒂的秘密生活》，之后，这部小说被拍成了令人记忆深刻的电影，由丹尼·凯耶主演。沃尔特是一个温顺、胆小如鼠的家伙，完全生活在他那飞扬跋扈、伶牙俐齿的妻子的阴影之下。他的应对之策是做白日梦，在想象的环境里，温顺的沃尔特摇身一变，成为一个英勇无畏、风度翩翩的英雄，总能及时出现挽救世界。在这种幻想里，他一会儿由于忘记妻子交代的差事而陷入极度的惊恐，一会儿又变成一位独自执行一项危险任务的无所畏惧的轰炸机飞行员。

普鲁特认为，投资者对于股市的反应就像这位沃尔特·米蒂对于生活的反应一样。当市场上升时，他们就成为自以为是的英雄，敢于冒额外的险；当市场下跌时，他们会夺门而出，望风而逃，不见踪影。

我们如何才能克服"沃尔特·米蒂效应"？我们要尽可能找到衡量风险承受力的方式，解释这些现象。我们必须透过标准评估问题的表面，探求那些心理驱动的内因。几年前，在与维拉诺瓦大学的贾斯汀·格林（Justin Green）教授的合作中，我开发了一款风险分析工具，这款工具关注个性，关注更明显、更直接的风险要素。在研究了大量有关风险承受力的理论和实证的文献之后，我们提取出重要的人口统计学因素和个人偏好部分，这些综合在一起，可以帮助人们更加精准地衡量他们的风险承受力。

我们发现承受风险的偏好与两项人口统计学因素有关：年龄和性别。年纪大的人比年轻人更不愿意冒险，女性一般而言比男性更加谨慎。风险与财富的多少看起来好像没有什么关系，钱多或钱少似乎对你的风险承受力没有什么影响。

说到与个性有关的问题，有两种个性特征与风险承受力有着紧密的联系：自控能力和成就动机。

自控能力指的是，人们感觉自己具有影响自身环境以及在该环境中做出决策的能力。认为自己具有这种控制力的人被称为"内控者"。与此相反，"外控者"认为自己不具备控制能力，就像一片树叶被不可控制的风吹来吹去。根据我们的研究，那些具有高度风险偏好的人绝大多数都属于内控者。

成就动机描述的是人们目标导向的程度。我们发现风险偏好者也是目标导向的人，即使强烈的目标导向可能会导致深深的失望。[11]

这里有一些从我们的风险分析工具中归纳总结出来的问题，它们可以帮助你思考关于自控能力和成就动机的问题。

了解你自己的风险偏好，并不是简单地在自控能力和成就动机之间画一条线那么简单。为了解开自控能力和成就动机之间的谜团，你需要思考自己如何看待风险发生的环境。[12]也就是说，在你眼中，股市是个赌场，结果取决于运气，还是说股市是个随机的两难困境，在这里准确的信息加上理性的决策会产生理想的结果。

请看看下面的这些问题。

A. 你能掌控你的命运吗？

下面哪一个是对你思考的最佳描述？

1. （a）长期而言，人们会得到他们应得的尊重。
   （b）不幸的是，人们的价值经常得不到认可，无论他们如何努力。
2. （a）相信命运对我来说，从来没有像决定采取明确的行动那样容易。

(b) 我发现要发生的事情终究要发生。

3. (a) 我就是我自己努力后的样子。

(b) 有时,我感到自己无力掌控自己生活的方向。

B. 你重视成就吗?

下面的哪一条对你态度的描述最贴切?

1. 对于没有把握的项目,我不喜欢参与。所以,我会做规划以便衡量我能以多快的速度达成总体目标。

2. 在我的生活中,有一个关键的目标,就是做那些之前从来没有做过的事。

3. 当玩一个游戏时,我不但关心自己是否玩得好,还关心我是否能赢。

4. 在我做的每一件事中,无论是工作、运动还是爱好,我都会为自己设定相当高的标准,否则,还有什么意思呢?

C. 靠运气,还是靠努力?

下面哪一条陈述最好地描述了你的想法?

1. (a) 在股市上赚大钱,你真正需要的是撞大运。

(b) 具备良好决策技巧的人都是在股市上赚大钱的人。

2. (a) 人们生活中很多不愉快的事,部分源于坏运气。

(b) 人们的不幸结果来自他们所犯的错误。

3. (a) 没有好运气,你就不会成为一个有影响力的领导者。

(b) 有能力而没有成为领导的人,他们没能充分利用机会。

> 4.（a）制订超长期的计划并非总是一件明智的事，因为很多事情最终会被证明仅仅与运气好坏有关。
>
> （b）当我制订计划时，我可以肯定这个计划可以被执行。

现在，让我们看看这些个性要素如何综合在一起发挥作用。例如，想一想"内控者"类型的人，他们坚信自己具有影响结局的能力。如果他们相信市场是由偶然事件驱动的，他们会厌恶风险、规避风险。但如果他们相信市场结果是技能的产物，这些"内控者"就会显现出高度的风险偏好。

根据我们的研究，显示出高度风险承受力的投资者会设定目标，相信自己可以控制所处的环境，相信自己可以影响结果。他视股市为一个偶发的两难推理的场所，在这个困境中，信心与理性选择相结合会产生胜利的结果。这些是否让你想到了一个人？我们会如何描述未来的沃伦·巴菲特？你会如何描绘你自己？

集中投资心理学

我们所学到的一切有关心理学和投资的认知都体现在沃伦·巴菲特身上。他对自己的研究深具信心，而不会在运气上押宝。他的行动源于对目标的缜密思考，而且他不会因为短期事件而偏离轨道。他懂得真正的风险，并信心满满地接受结果。

早在"行为金融学"这个名词出现之前，它就已经被为数不多的离经叛道的人所理解和接受，例如沃伦·巴菲特和查理·芒格。芒格指出，当他和巴菲特离开大学的研究生院后，他们就"进入了商界，去发现极端非理性的可预测模式"。[13] 芒格所说的的并不是时机的预测，而是非理性发生时产生的观点，它会导致后续可预测的行为模式。

除巴菲特和芒格外，直到近些年，才有越来越多的投资专业人士对金融学与心理学的交集产生了足够的重视。对你们中的大多数人而言，本章所总结归纳的思想只产生了"学到一些新东西"的纯粹娱乐价值，但是，除此之外，它们还有更多的意义。

围绕投资的情绪是非常真实的，在某种意义上，它的确会影响人们的行为，并最终影响市场价格。我肯定你已经感受到了能动性在你自己的投资中非常有价值的两个原因：

- 你会获得一些指导原则，让你避免大部分普通的错误。
- 你会及时发现其他人所犯的错误，并从中受益。

我们所有人都不可避免地会出现判断失误，这会影响我们个人的成功。当数千人乃至数百万人发生判断失误时，形成的整体效应会将市场推向崩溃的边缘。从众的羊群效应使得诱惑是如此强大，以至于误判的积累会产生复利般的累积效应。在非理性行为的狂波怒浪中，可以理性存活的人少之又少。

成功的集中投资者需要培养一种性情。道路是曲折的，知道哪条道路正确经常与直觉相反。股市持续的波动会令投资者心神不宁，并引发他们不理性的行为。你需要时时观察这种情绪，即便你的本能强烈地让你采取相反的行动，你也要做好采取理智行动的准备。正如我们已经知道的，未来总会重奖集中投资者，因为他们曾经付出过巨大的努力。

| 第 8 章 |

市场是一个复杂适应性系统

> 我们一直认为，股市预测的唯一价值是让算命先生看起来还不错。
>
> ——沃伦·巴菲特

第 8 章　市场是一个复杂适应性系统

任何对沃伦·巴菲特观察过一段时间的人都会知道，他对于预测的态度是明确的：不要将你的时间浪费在预测上。无论是对经济、对股市还是对个股，巴菲特都坚定地认为预测在投资中毫无意义。40多年来，仅凭借投资伟大的公司，同时避免了投资者痴迷于猜测市场未来走势带来的毁灭性干扰，巴菲特取得了巨大的财富以及无与伦比的业绩。巴菲特说："事实上，人们贪婪、恐惧或愚蠢，这些都是可以预测的，然而，后果是无法预测的。"[1]

对于很多巴菲特的追随者而言，有关市场预测的观点是毫无意义的，他们在前进道路上能够不受算命先生的干扰，坚持自己的投资策略。然而，有更多的投资者，尽管他们抱有良好的投资愿望，却经受不住那些预测魔瓶兜售者的诱惑。

纵观历史，人们总会被这样一些人、一些概念或系统所吸引，他们声称具有可以预测未来的能力。他们是巫师、预言者、江湖医生、看手相大师与算命先生，这些人仅凭一句"我今天可以告诉你明天会发生什么"，就可以吸引数百万人的关注。尽管历史的道路上布满了这些开始受人尊重、后来遭人唾弃的预言家们的遗体，但旧的倒下去，新的站起来，总有新的预言家取代他们先辈的位置，因为他们知道自己很快就会找到狂热的信众。

今天就能得到明天的报纸，这当然具有明显的财经上的优势。但是，我认为这种想知道未来的冲动远远比金钱更为复杂。我怀疑人类有一种深深的心理需求，希望了解未来对于我们到底意味着什么。或许横亘在我们面前的未知令人感到不舒服，所以，我们不由自主地被那些可以去除这种不舒服的人或事所吸引。对于这种心理缺陷的研究应该增加到查理·芒格的格栅模型中去。

现在，请记住，巴菲特并没有说未来是不可预测的。毕竟，我们都知道市场最终会奖励那些提升股东价值的公司，但是我们无法准确知道这种情况何时会发生。我们还可以做出肯定的预测，那就是股价会持续波动。但我们还是不能肯定，下一年股价是会上升还是会下跌。如果你想从《巴菲特之道》一书中获益，你不需要能够准确预测短期股市的走势，购买正确的公司才是关键。在购买了正确的公司之后，可以放心，我们的选择最终一定会有回报。

如果你属于那种将预测市场抛诸脑后的人，你可以直接翻阅本书的最后一章。对于其他时不时还希望跟随一些预测建议的人而言，我们建议花几分钟时间阅读一下本章的内容。我希望他们最终能放弃预测短期走势的想法，因为这样做既无必要，也不值得。

预测的危害

举一个小小的例子，预报员必须测量航行的水域具有怎样的潜在危险，考虑一下：

回顾过去16年中每半年对30年期国债利率的预测（见表8-1）。在31次预测中，不仅没有一次的预测利率与实际利率相符，而且，令人惊讶的是，竟然有22次的预测与实际走势完全相反。

表 8-1　利率预测

《华尔街日报》对经济学家的调查（预测 30 年期国债）			
预测日期	预测利率（%）	实际利率（%）	预测走势
1982 年 6 月	13.05	13.92	
1982 年 12 月	13.27	10.41	对
1983 年 6 月	10.07	10.98	错
1983 年 12 月	10.54	11.87	错
1984 年 6 月	11.39	13.64	错
1984 年 12 月	13.78	11.53	错
1985 年 6 月	11.56	10.44	错
1985 年 12 月	10.50	9.27	错
1986 年 6 月	9.42	7.28	错
1986 年 12 月	7.41	7.49	对
1987 年 6 月	7.05	8.50	错
1987 年 12 月	8.45	8.98	错
1988 年 6 月	8.65	8.85	对
1989 年 6 月	9.25	8.04	错
1989 年 12 月	8.12	7.97	错
1990 年 6 月	7.62	8.40	错
1990 年 12 月	8.16	8.24	对
1991 年 6 月	7.65	8.41	错
1991 年 12 月	8.22	7.39	对
1992 年 6 月	7.30	7.78	错
1992 年 12 月	7.61	7.39	对
1993 年 6 月	7.44	6.67	错
1993 年 12 月	6.84	6.34	错
1994 年 6 月	6.26	7.61	错
1994 年 12 月	7.30	7.87	错
1995 年 6 月	7.94	6.62	错
1995 年 12 月	6.60	5.94	对

注：1. 观察说明，（1）经济学家预测的 6 个月平均数值；（2）根据《华尔街日报》进行的半年调查；（3）31 次预测中仅有 9 次正确。
　　 2. 缺 4 行数据，疑原书有误。
资料来源：*Wall Street Journal*, Revised 6/30/98.

古典理论

　　古典经济学理论认为，市场和经济是一个均衡系统，也就是说，在自然的状态下，它们会处于一种均衡状态。尽管存在供给与需求、价格与数量这两组相反的对抗性力量，但是股市和经济一般都会处于一种均衡的状态。在这个世界上，市场是有效的、机械的、理性的。这个经济理论是在100多年前由阿尔弗雷德·马歇尔提出的，它如今依然支配着我们的思维。哥伦比亚大学商学院教授迈克尔·莫布森对于马歇尔的经济观点做出了解释，指出这种观点"源于经济学是一种与牛顿物理学相似的科学，经济学也具有因果关系，里面隐含着可预测性"。

　　现代科学起源于400年前，并基于这样一个假设：自然由一个普遍的因果法则所支配。根据诺贝尔物理学奖获得者伊利亚·普里高津的观点，科学建立在一种观念上，这种观念相信未来脱胎于现在，并相信可以通过对现在数据的认真研究推断出未来。当然，这个观点仅仅是一种理论上的可能性。但即便如此，它已经使得科学家们从一个表象的世界深入到一个理解的世界。[2]

　　现代科学根源于决定论。英国著名科学哲学家卡尔·波普解释说，科学的决定论是一个"以自然的观点取代上帝的观点、以自然的法则取代神学的法则的结果。自然，或自然法则，是无所不能、无所不知的，它能预先解决所有问题。上帝则不是这样，上帝是神秘莫测的，仅通过天启的方式偶尔显露。人们可以通过推理得到自然法则。如此一来，如果我们了解自然法则，我们就可以用理性的方式，通过今天的数据预测出未来"。[3]

艾萨克·牛顿是现代科学史上第一位决定论者。他的万有引力定律开创了力学领域，并成为物理学的核心。自那以后，他的做法为科学发现提供了一个范式。毫无疑问，牛顿的发现模式是非常强有力的，几个世纪以来，这种模式使科学家们能够在新的知识领域中寻找线索。

在艾萨克·牛顿的世界里，宇宙如机械般运行，并像钟表一样可以预测。过去的几个世纪以来，物理学家、生物学家以及化学家都依据牛顿的观点在自己的领域建立起认知模式。然而，这种对于牛顿模式的偏爱或许会影响我们判断。根据英国物理学家詹姆斯·克拉克·麦克斯韦的观点，"物理学家，尤其是他们的发言人总是把注意力集中在强化宇宙的机械有序论这一论述上，那些信仰决定论的人总是被这个观点所左右"。[4]

今天，令许多科学家困惑的是，牛顿的框架不允许我们见到世界的运行。使用机械运动原理描述物理事件的牛顿传统物理学，在被用来描述生活的多姿多彩时，显得死板僵硬。请不要误会，当我们描述行星的运行轨迹时，牛顿的原理是非常有效的，但当我们试图描述细胞再生、免疫系统以及人类的行为时，牛顿力学原理就显得力不从心了。看来，古典科学法则无法帮助人们更好地理解生活。

很多年来，有些科学家有意避开研究那些与牛顿观点不符的现象，牢牢地将自己困在均衡世界的观点里。基因学家理查德·莱旺顿（Richard Lewontin）"将这些科学家称为'柏拉图主义者'，这位著名的雅典哲学家声称，我们在周围看到的混乱、不完美的对象都只是完美原型的反映"。[5] 根据莱旺顿的观点，有另一组科学家，他们将世界看作一个变化的过程，物质部分在无穷的组合中进化。莱旺顿将这些人称为"赫拉克利特人",这位爱奥尼亚哲学家充满激情和诗意地认为"世界处于持续的流动状态"。[6]赫拉克利特比柏拉图早200年,他观察到"即便踏入同一条河流,遇见的水流也不同"。这句话被柏拉图解释为:"人永远不可能两次踏入同一条河流。"[7]

斯坦福经济学家布莱恩·阿瑟说:"当我读到莱旺顿的话时,我受到很大的启发,那时我才真正明白发生了什么。我心里想:'是的!我们终于开始从牛顿那里回归自我了。'"[8]

布莱恩·阿瑟受过数学和经济学的训练,多年以来,他一直挣扎着使自己与那些鼓吹马歇尔观点的经济学家保持一致。阿瑟难题的答案,在最著名大学的象牙塔里找不到,在纽约世贸中心的大楼里也找不到。答案反而在一个最令人意想不到的地方——新墨西哥州的基督圣血山脉(Sangre de Cristo Mountains)。

圣塔菲研究所

位于美丽的新墨西哥州州府圣塔菲,在古老的土坯房和现代艺术画廊一旁,有一座壮观的山顶建筑,它曾经是一个私人住所,如今是一个非凡的智库所在地,这就是圣塔菲研究所。

或许是由于稀薄的空气,或许是由于蔚蓝的天空,或许是由于令人惊叹的、蜿蜒至沙漠的红色山峦,来访的人们思绪万千。不论是什么原因,研究所似乎是科学家们聚在一起梳理理论的理想场所。圣塔菲研究所的科学家们并不以传统的方式进行科学研究,取而代之的是,他们公开地相互交流信息,帮助彼此建立一种新的理解生活的方法。

圣塔菲研究所是乔治·考恩（George Cowan）于1984年组建的，考恩以前曾是洛斯·阿拉莫斯实验室的研究负责人。圣塔菲研究所是一个跨学科组织，由物理学家、生物学家、免疫学家、心理学家、数学家和经济学家组成。他们中的很多人或是获得过诺贝尔奖，或是在各自的领域中获得了相当程度的认同。这些人结合在一起，寻求跨越复杂多变的适应性系统的原则。这里没有学科之间的界限，科学家们被鼓励与其他学科的人交流，分析他们的理论和想法。在圣塔菲，你可能会听到有关蚂蚁沟通模式的演讲，也可能会参与一场有关经济市场中信息如何传播的讨论。虽然，这中间的很多联系似乎非常微弱，但研究复杂性的科学家们还是发现了很多相似之处。

在我们周围的世界里，有很多复杂系统的例子。细胞、发育中的胚胎、大脑、免疫系统、中枢神经系统、生态系统和蚁群，这些都是复杂系统。经济、社会结构和政治系统也是如此。复杂性这个术语没有确切的定义。伊利亚·普里高津说，系统是复杂的，因为它涉及大量相互作用的元素。简单的系统（一个受到重力影响的物体，或钟摆的运动）包含非常少的运动部件。然而，普里高津说，大量运动的部件放在一起并不一定能构成一个复杂的系统。1立方厘米的气体可能含有数百万个分子，它们在所有可能的方向上弹跳和碰撞，但是，科学家们倾向于将这些系统的状态描述为分子混沌，而不是复杂性。混沌，是一个被过度使用的术语，很多年前就已经达到了人尽皆知的高度。在混沌的系统中，粒子的运动是不规则的，处于持续的无序状态。

在圣塔菲，科学家们将注意力从研究混沌系统转移到研究复杂系统上。我们已经知道，复杂系统介于混沌与机械之间。普里高津说，或许以行为学的角度考虑复杂系统，要比从系统学本身更容易些。毕竟，对很多不同系统中的行为特征的研究，最终可以帮助我们了解什么是复杂性。

1987年，20位受邀嘉宾相聚在圣塔菲研究所，讨论经济作为一个复杂系统的问题。诺贝尔奖获得者肯尼斯·阿罗（Kenneth Arrow）邀请了10位经济学家，诺贝尔物理学奖获得者菲利普·安德森（Philip Anderson）邀请了10位来自物理学、生物学、计算机领域的科学家。这次会议的目的是激发对于经济的新思维方式。在演讲和分组讨论中，物理学家们学习了均衡系统和博弈论，经济学家们试图了解布尔网络模型和遗传算法。在10天艰苦的会议中，与会者发现了经济的三个重要特征。[9]

首先，经济体是众多"行为主体"共同作用的网络系统。在一个胚胎中，"行为主体"就是细胞；在一个经济体中，"行为主体"就是人。无论是细胞还是人，都存在于一个环境中，而这个环境是与其他细胞和人相互作用所产生的。细胞和人不断对系统中的其他细胞和人的行为做出反应，因此，整个环境处于永不停息的状态。

其次，对经济的控制是高度分散的。在一个正在发育的胚胎中，不存在主细胞，同样在一个经济体中，也不存在主控者。美国的经济体有一个美联储，并且，美国的政治家可以改变税务方面的法律和法规，但经济整体常常是由个人（行为主体）每天做出的数百万个决策产生的结果。经济系统中的协调行为是行为主体之间竞争或合作的产物。

最后，也是复杂系统的一个重要特征，在一个复杂系统中，"行为主体"会积累经验，并适应不断变化的环境。我们知道生物体的每一代会通过进化的方式重新安排自己的身体组织，人类也一样，通过在世界中的经历去适应和学习，进化自己。因此，这个特征是如此重要，以至于今天复杂系统通常被称为复杂适应性系统。

现在，人们很容易理解，复杂适应性系统的特征使得经济永远不可能达到一种均衡状态。行为主体的行为不断变化、相互影响和学习，所以经济永远都不会处于稳定状态。一些科学家认为，经济达到了均衡状态，就意味着死亡，而不是稳定。

传统的数学方法，包括微积分和线性分析，非常适合在一个固定不变的环境中研究不变的部分。牛顿的方法仍然适用于重复的机械世界，但它对了解复杂适应性系统无济于事。为了理解经济、股市或其他复杂适应性系统，我们需要转向实验数学和非线性分析。

爱尔·法罗难题

爱尔·法罗是距离圣塔菲研究所不远的一个酒吧，过去经常以在周四晚上播放爱尔兰音乐为特色。布莱恩·阿瑟现在是圣塔菲研究所花旗集团赞助的经济学教授，他在贝尔法斯特出生、成长，所以，他特别喜欢去爱尔·法罗酒吧听喜欢的音乐。但是，这里有一个小问题。酒吧里偶尔会挤满了那些他希望躲开的蛮横醉汉。所以，每次他必须做一个决定：去还是不去。这样过了一周又一周，是否去酒吧在他那里形成了一个数学理论，阿瑟将其命名为"爱尔·法罗难题"，他说："这个难题具有一个复杂适应性系统的所有特征。"[10]

假设圣塔菲有100个人喜欢去爱尔·法罗酒吧听音乐，但如果那里人满为患，这100人中没有一个人会去。现在假设一下，每周，酒吧都会公布它周四晚上的上座情况。在过去的10周里，上座人数分别是：15、18、83、66、45、76、67、56、88、37。音乐爱好者可以根据这些数据估计下周上座的情况，有些人会估计本周上座的情况大约与上周一样（37位客人），有些人会选择用过去10周的平均数（55位客人），或者更短一些——过去4周的平均数（62位客人）。

现在让我们假设一下，每一个想去酒吧的人都会去，前提是他估计当天晚上去酒吧的人少于60人。这100个人每个人都独立做出决定，他们可以使用任何在过去数周里被证明是最为准确的预测方式。因为每个人都会有不同的预测方法，所以有人会在任意一个周四的晚上去酒吧，有人则会待在家里，因为他们的预测模式显示这天酒吧里的人会超出60人。第二天，爱尔·法罗酒吧会公布最新的上座情况，这100位音乐爱好者也会随之更新自己的预测模型，为下周的预测做好准备。

阿瑟解释说，爱尔·法罗难题的预测过程可以被称为预测者"生态学"。他的意思是，在任何一个时点，都会有部分预测者会被认为是"活跃的"，这意味着至少有一部分预测会被使用，而其他预测者则处于"非活跃"状态。随着时间的推移，一些预测者会转向"活跃"状态，还有另一些会进入"非活跃"状态。

难道爱尔·法罗难题仅仅是一个理论上的命题，是用来帮助理解预测复杂适应性系统的吗？还是说，这样的难题真的存在于今天的市场中呢？

美林公司每年都会对一组机构投资者进行问卷调查，内容是影响他们挑选股票的因素。这项调查还强调，相对于前一个年度，影响因素在受欢迎程度上的变化。美林公司从 1989 年开始进行这项调查，在此期间，投资者在选股因素的使用以及对于不同因素的重视方面都发生了变化。

美林机构因素调查包含了测试的结果，按照受欢迎程度，列出了 23 种不同的影响因素：（1）（每股）盈利不符预测；（2）净资产收益率（ROE）；（3）盈利修正；（4）股价与现金流比率；（5）预测 5 年利润增长；（6）负债权益比率；（7）（每股）盈利动能；（8）相对强度；（9）市盈率；（10）市净率；（11）分析师意见变化；（12）盈利变动；（13）股利贴现模型；（14）市销率；（15）被忽略的股票；（16）β 值；（17）盈利预测离散度；（18）股息率；（19）盈利的不确定性；（20）外汇风险暴露；（21）规模；（22）低股价；（23）利率敏感性。

无论是试图预测未来股价的走势，还是预测周四晚上去爱尔·法罗酒吧的人数，我们都有无数种方式构建预测模型。

如果我们将美林公司过去 9 年调查中的前 10 种因素拿出来（见表 8-2），我们可以看到爱尔·法罗难题显现了出来。（每股）盈利不符预测一直是最受欢迎的因素，其他因素的使用也存在差异。例如，净资产收益率在 1997 年是第二受欢迎的因素，但之前几年不太受欢迎。相反，（每股）盈利动能这项因素在 1989～1993 年很受欢迎，但近几年不再受到热捧。当 1989 年美林公司开始这个项目的时候，超过半数的投资者选择股息率作为选股中的重要考量因素，而今天，仅有 12% 的人会在投资决策中考虑这个因素。

美林的这项调查是关于阿瑟预测生态学的一个很好的案例，在进行调查的这些年里，我们看到一些因素的消亡，也看到另外一些因素的复苏。

表8-2显示了在这9年中被使用过的因素的变化，图8-1则追踪显示了1996年和1997年受欢迎因素的变化情况，展示了个人偏好更为动态的变化。例如，负债权益比率、股价与现金流比率、预测5年利润增长这几项因素的使用显示出增长的趋势，而股息率、（每股）盈利动能、盈利变动这几项因素的受欢迎程度已经逐渐式微。

表8-2 美林机构调查（1989～1997）

因素	1997	1996	1995	1994	1993	1992	1991	1990	1989
（每股）盈利不符预测	1	1	1	1	1	2	3	1	1
净资产收益率（ROE）	2	4	4	4		1	4		
盈利修正	3	2	2	2	2				
股价与现金流比率	4	5	3	3	4	5		3	4
预计5年利润增长	5		5	5					
（每股）盈利动能		3			3	4	2	2	2
股利贴现模型					5				5
市净率						3		4	3
负债权益比率							1		
收益率							5	5	

注：1——最受欢迎的因素。
2——次受欢迎的因素。
3——第三受欢迎的因素。
4——第四受欢迎的因素。
5——第五受欢迎的因素。

美林公司定量分析研究主管、此项调查研究的负责人理查德·伯恩斯坦表示："调查得到的结果是一个有用的衡量标尺，可以让我们知道哪些策略近年来受欢迎，哪些策略日渐失宠。"

第 8 章 市场是一个复杂适应性系统 171

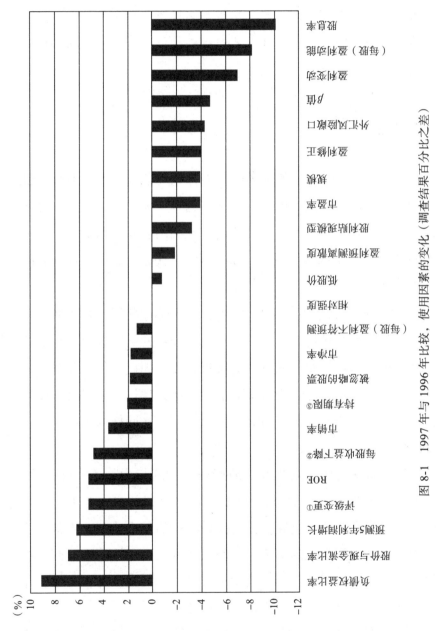

图 8-1 1997 年与 1996 年比较，使用因素的变化（调查结果百分比之差）

①②③根据原书翻译而来，原书此处与正文不一致。
资料来源：美林定量分析。

但是这种结果也令伯恩斯坦感到有些迷惑,他解释说:"过去几年有个重要的发现,那就是,尽管很多投资经理声称他们在投资中秉承严格的方法,但是在选股过程中他们言行不一,这一点非常清楚。"[11]

三层分离法

那些想要去爱尔·法罗酒吧的人,和那些试图挑选股票的投资者,他们面临相同的问题。这个问题是:如果想尽可能准确地进行预测,就意味着需要充分明白,预测的实际结果取决于其他人的预测。这个问题与约翰·梅纳德·凯恩斯60年前意识到的一模一样。

他写道:"职业投资可以被比喻为报纸的竞争,参赛者必须从100张照片中挑选出6张最漂亮的。最终的奖金会给那个所选照片与全体参赛者整体偏好最为接近的人。因此,每个参赛者必须挑选的并不是自己认为最漂亮的脸,而是他认为最有可能让其他参赛者想入非非的脸,所有的参赛者都会从同样的角度看待这个问题。"

认为试图"比大众更准确地猜测大众的行为"还不够棘手,凯恩斯又增加了一个变量,他说:"在这个案例中,并不需要真的根据一个人最佳的判断,去选择最漂亮的那个,甚至不是整体平均意见认为最漂亮的那个。我们已经深入到了第三个层面,在那里我们运用智慧去预测平均意见会是什么。我认为,有人已经深入到了第四个、第五个甚至更高的层面。"[12]

这个选美比赛的比喻所呈现出的难题,与爱尔·法罗酒吧的顾客和个人投资者面临的一样：重要的不是你认为市场或经济会发生什么，而是你认为大多数人如何看待市场。巴菲特对此非常在行，他说："我们有一些掌控数十亿、数百亿资金的'职业投资家'，他们应该感谢大部分的市场波动。很多著名的投资经理已经不再关心企业未来几年会做什么了，取而代之的是，他们更关心其他投资经理未来几天会做什么。"[13]

我相信，布莱恩·阿瑟关于爱尔·法罗的比喻，对于股市而言也是一个准确的描述。尽管我们很容易将股票市场认定是一个复杂适应性系统，但我们距离解决预测这个系统行为的难题还很远。但是，在圣塔菲研究所里，他们正在进行探索与尝试。阿瑟与另一位研究人员约翰·霍兰德（John Holland）一起，在电脑系统里建立了一个模拟股市，在这个股市里有数百名投资者——行为主体。阿瑟解释说："这些电脑中的小家伙通过学习最佳的策略而变得更聪明。当他们学习的时候，他们也在改变策略，市场的性质也随之发生变化。"[14]

对人类行为的研究并不是要求我们克隆一个完整的人。今天，利用高性能的计算机，通过输入带有少量简单规则的数字"行为主体"，从而复制个体的行为是可行的。然而，我们还没有开发出可以解决爱尔·法罗难题的数学结构。圣塔菲研究所的数学家、作家、研究员约翰·卡斯蒂（John Casti）说："从数学的层面而言，我们卡住了，这是整体领域的症结所在。我们还没有一个好的数学框架来研究复杂适应性系统的属性。"[15]

卡斯蒂认为我们今天面临的问题，与17世纪赌徒试图在赌局未完的情况下分割赌注一样。帕斯卡和费马看到了这一点，并且发展出了今天被称为概率论的数学结构。卡斯蒂说："复杂适应性系统理论,仍然在等待自己的帕斯卡和费马。"[16]

在复杂的世界里投资

本杰明·格雷厄姆以跨学科的方式思考整体世界,尤其是投资。那些研究格雷厄姆的人都知道,他不仅是个伟大的金融思想家,还是个酷爱哲学和古典艺术的人。尽管他以股票投资分析而闻名,但格雷厄姆的贡献还包括有关货币和商品的著作,《储备与稳定》《世界商品与世界货币》都展示了他的世界观。迈克尔·莫布森今天还在教授格雷厄姆开创的证券分析课,他说:"本杰明·格雷厄姆是一个了不起的老师,他是一个全面发展的人。他对世界跨学科的欣赏态度,使得证券分析课程的内涵也变得更加丰富多彩。"[17]

在哥伦比亚大学,莫布森不仅教授基础的金融模型,还研究其他学科的其他模型。通过这种方式,他希望启发学生们将跨学科的模型运用到投资上。莫布森解释说:"随着时间的推移,由于世界经济和社会经济态势背景的变化,我们的思维模式也需要相应的进化。"30年前,科技在我们的投资思维中没有任何有意义的展现,而今天,根据莫布森教授的说法,科技已经居于非常突出的位置,这就要求我们进化自己的思维模式,以便更好地理解周围的世界。"站在巨人的肩膀上,建立新千年的思维模式"[18]是莫布森努力的方向,他努力帮助学生们将旧有的均衡模式与更具活力的模式区别开来,并试图连接起现实世界运行的真相。莫布森说:"我的直觉是,复杂适应性系统是一个非常强有力的、了解资本市场如何运作的方式。随着人们更加了解复杂适应性系统，我相信投资者会更好地描述市场是如何真实运行的。"[19]

分析市场运行和试图预测市场是两回事，认识到这一点非常重要。我们越来越接近了解市场的运行，但是仍然不具备任何市场预测能力。复杂适应性系统这门功课告诉我们，市场总是处于变化之中，而且顽固地拒绝被预测。

美盛集团的比尔·米勒说："我们认为经济实在是太复杂了，它难以预测。你永远不可能通过对经济或市场的准确预测，为投资组合增加价值。"[20] 米勒像巴菲特一样，从来不会让预测影响他对个股的决策，但是这也没有影响他对市场行为的研究。米勒说："我们花了很多时间试图对学术界关于市场的思维做最好的理解，其中有所帮助的部分是理解复杂适应性系统，因为它与市场和行为金融有关。"[21]

比尔·米勒最早是从一篇有关混沌理论的文章中知道圣塔菲研究所的，作者是《纽约时报》科学作家詹姆斯·格雷克。米勒开始思考对复杂系统的研究是否会给自己的投资提供真知灼见。1991年，他的工作使他有机会与花旗的总裁约翰·里德取得联系，里德为圣塔菲研究所的经济研究项目提供了种子基金。

米勒解释说，投资的问题在于投资圈里的每个人都在相同的圈子里转，阅读同样的研究报告和书籍，投资者们从同样的来源获得同样的信息。在圣塔菲研究所，米勒阅读的是研究复杂适应性系统的科学家们所写的书籍和研究论文。米勒说："他们的研究为像我这样的实践派商务人士提供了洞察力。帮助我们击败市场并不是他们的工作目的，但他们很乐意讨论他们的工作。"[22]

如今，作为该学院董事会的受托人，米勒认为在圣塔菲的经历为他的思路打开了新领域。他说："如同该研究所调研的其他复杂适应性系统一样，经济是一个多主体的环境，有很多地方规则和反馈回路。当我们明白圣塔菲的研究人员是如何'认知'这些系统组件和预测工具的时候，就是它们被运用到我们实际工作中的时候。它已经帮助我们脱离了简单模式，并对市场的复杂性进行了更多创造性的思考。"[23]

例如，整个经济体经常被视为一个丛林栖息地，在这里，竞争对手们为了在市场上生存而彼此残酷地竞争。然而，生态学家的研究表明，有很多彼此被认为是敌人却能和平相处的例子。在一本研究所撰写的关于复杂适应性系统的书中，生态学家注意到，有两种被认为食物相同的鸟类，它们栖息在相同的树上，其中一种鸟会栖息在高一些的树枝上，而另一种会在矮一些的树枝上做窝。

读到这些，米勒开始思考计算机行业，以及戴尔和康柏之间的搏杀。米勒认为："康柏其实不必直接与戴尔竞争。竞争的内在动力远比人们意识到的复杂，实际上，这两家公司在市场上都有自己的生存空间。"[24]

米勒还认为，投资者需要对今天的股票市场进行不一样的思考。他指出，标准普尔 500 指数包括了更多的科技公司，具有了非常不同的金融特征，如今的市场与 20 世纪 60 年代的市场相比已经有了很大的不同（见表 8-3）。1964 年，科技公司在标准普尔 500 指数中仅占 5.5%，基础原材料公司占 16.5%。而今天，这两类公司几乎对调了位置。基础原材料公司占比缩水至 6.9%，而科技公司占比跃升至 12.0%，并保持上升状态。还有一些其他的变化：20 世纪 60 年代，公用设施和能源公司占指数的 37%，今天，这两类公司仅占约 19%；金融和健康公司曾经在指数中无足轻重，但今天约占 25% 的权重。

表 8-3　标准普尔 500 指数：这不是你父辈时的指数

行业	资本权重（%）	
	1964 年	1996 年
金融	2.0	14.6
健康	2.3	10.7
非耐用消费品	9.0	12.8
消费服务	6.3	9.7
耐用消费品	10.8	2.7
能源	17.8	8.9
交通	2.6	1.6
科技	5.5	12.0
基础原材料	16.5	6.9
资本品	8.0	9.9
公用设施	19.2	10.2
总计	100.0	100.0

比尔·米勒说："大多数投资者只使用历史评估方法或模式，去判断股票何时便宜或昂贵。但是，这种评估方法的问题在于对环境的依赖。就是说，评估发生在一个特定的经济环境中——特定的资本回报，特定的商业状况以及策略。"[25] 换言之，历史分析模式只有在公司和行业处于与当初建立评估方法的背景类似的环境中才有效。但今天我们看到，每家公司所处的环境已经与 20 世纪 60 年代的环境有了很大的不同。对于很多投资者而言，用来做比较的指数也有了很大的不同。

股票市场反映的是数百万投资者、交易员以及投机客做出的数亿决策。其中每一项决策都是参与者独立的决策，每个人都具有基于自己所掌握信息形成的对市场的独特观点。所有这些因素相互交织在一起，就形成了整个市场。但是，在一个复杂适应性系统中，我们无法根据一个简单的个体调研去预测会发生什么，因为，在这样一个系统中，整体大于个体的总和。

有时候，部分参与者的行为会形成一种趋势。然而，由于每一个个体都有认知的局限，尽管每个人都会认识到这种趋势，但是没有人知道这种趋势是如何发生的。当市场中所有参与因素都相互作用之后，就会形成一个价格趋势。正是这个趋势引领着一些人冒着风险进行预测。例如，一只股票的价格进入一个下行交易区间，就会诱发交易者进入买进、卖出的重复交易模式。但是，米勒解释说，有些时候，一些不起眼的小变化会慢慢潜入市场，悄悄地改变着市场行为，最终会到达一个重要的节点。莫布森教授将市场上的变化比喻为一个沙堆，这个沙堆是通过缓慢但持续增加的沙子形成的，他解释说："单个沙粒就像一个市场参与者，单个看起来都不太重要，但它们加在一起有着巨大的累积效应。一旦沙堆的高度超过一个关键的节点，它就会失去平衡倒塌下来。"[26] 结果就像是雪崩一样。

细微的改变总是潜移默化地影响着市场。米勒解释说，令投资者感到害怕的是，"一个趋势的突变没有任何外界的预兆。投资者被卷入其中，因为没有一个足够大的因素引起他们的注意"。[27]

投资者总是会赌一只股票或整个市场会回归均线，而均线将顺着一些可预测的模式运行。但是，均线是不稳定的，它经常会移动变化，这些变化源于数百万投资者做出的无法预测的决策，而这些决策本身也会基于其他决策的变化进行调整。米勒告诫到，基于模式的决策有更多的风险。"你认为市场是一个简单的线性状态，但是，市场是非线性的、复杂的、具有适应性的。所以，只有市场突然停止运行，你的系统才有效。"[28]

模式识别

乔治·约翰逊（George Johnson）在其通俗易懂的著作《心中的火焰》(Fire in the Mind)一书中写过这样一段话："一些关于心灵的东西，可以用来寻找真实的和想象中的模式，但会与基本面无序的理念背道而驰。"[29] 这同样解释了所有投资者所面临的两难困境。约翰逊论证说，内心渴望模式，模式暗示秩序，这让我们可以计划并利用好我们的资源。但是，这种对秩序的自然驱动力，在我们研究市场时会突破它的极限。布莱恩·阿瑟说："如果你真有一个复杂系统，那么，就不存在精确的可重复模式。"[30]

如果圣塔菲能够研究出足够复杂的系统，它或许会让我们观察某种复杂系统的行为。在那之前，我们注定要与现在的市场为伍，它只展现有限的模式，并不断被出乎我们意料的、有时甚至是剧烈的变化所打断。无论你是否喜欢，我们生活在一个不断变化的世界里，它就像一个万花筒，它的运行模式有某种显而易见的秩序，但是永远不会以一成不变的方式进行。模式总是新颖的、不同的。

投资者在缺乏模式识别的世界里，应该如何行事呢？观察正确的地方与正确的层面。尽管，经济和市场作为一个整体非常复杂和庞大，以至于难以预测，但在公司层面上，我们是可以识别的。每一家公司的内部都存在公司模式、管理模式及财务模式。如果你研究这些模式，在很多情况下，你就可以对公司的未来发展做出合理的预测。这些就是巴菲特关注的模式，而不是那些数百万投资者不可预测的行为模式。他说："我总是觉得，如果需要对两个对象进行估值，一个受基本面支配，一个受心理因素支配，那么对前者估值要更容易些。"[31]

巴菲特说："我们会继续忽略那些关于政治和经济的预测，对很多投资者和企业来说，那些是昂贵的消遣。30年前，没有人能够预测到越战的扩大、工资和价格的管控、两次石油危机、总统的辞职、苏联的解体、道琼斯指数一天之内大跌508点，以及国债收益率在2.8%～17.4%之间巨幅波动。"[32]

没有人能事先预测到这些事件的发生，但这并不能阻止巴菲特取得杰出的投资表现。巴菲特说："所有这些轰动性事件，都没有对本杰明·格雷厄姆的投资原则造成损害，哪怕是最轻微的损害，也都没有使以合理的价格谈判购买优质企业变得不合理。想象一下，如果我们让未知的恐惧导致我们推迟或改变资本部署，我们会付出什么样的代价。"[33]

语言的模式遵循思维的模式。如果投资者意识到一种模式，无论这种意识具有什么样的缺陷，他们会依照对模式的认识采取行动。圣塔菲研究所的好处在于，它能帮助你了解市场不是什么。一旦你明白市场是一个复杂适应性系统，你会自愿放弃任何预测的想法，你也会明白市场达到繁荣和萧条的关键节点。

巴菲特解释说："接下来的30年，肯定会发生一系列重大冲击，我们不会试图去预测这些，也不会从中牟利。如果我们能发现与我们过去购买的公司相似的企业，那么，外部的惊喜对于我们的长期结果的影响就微乎其微。"[34]

所以，下一次当你被诱惑去相信自己终于找到一条可重复赚钱的模式时，请记住每天在圣塔菲研究所工作的科学家们。下一次，当你对市场的不可预测性感到震惊时，请记住巴菲特说过的话："请面对两个令人不愉快的事实：一个是，未来从来都不明朗；另一个是，你在股市上为令人愉快的共识支付了高昂的价格。对于关注长期价值的买家而言，不确定性是朋友。"[35]

| 第 9 章 |

创造佳绩的击球员在哪里

棒球的第一原则是等到好球再挥棒。

——罗杰斯·霍恩斯比

1996 年，著名的生物学家、多产作家、洋基队的终身粉丝斯蒂芬·杰·古尔德出版了《生命的壮阔：从柏拉图到达尔文》一书。古尔德被生命的复杂性深深吸引，他深入研究了不同系统的多样性。在这本具有启发性的书中，他谈到了很多事情，其中提到美国职业棒球大联盟中 .400 这一辉煌击打成绩的消亡。

这本书记录了 1901～1930 年的棒球赛季历史，跨越 30 年，其中有 9 个赛季至少会有一位选手获得 .400 这一超出平均水平的得分。但是，在接下来的 68 年中，仅有一位选手触及这个里程碑式的纪录，就是泰德·威廉姆斯（Ted Williams），他在 1941 年打出了 .406 的高分。

从这些统计数据中，我们或许会得出结论：随着时间的推移，棒球界的水平下降了。但是，古尔德希望我们考虑的是，统计数据存在被误读的可能，他认为有另外一种力量在发挥作用。整体而言，棒球手的击球水平并未下降，但是，球场上的防守能力提高了。投球技术越来越成熟，但防守技术也越来越好，球队整体防御强攻的能力也大幅提高。古尔德做出了科学的解释："随着棒球比赛的发展，钟形曲线向右侧移动，致使右侧的差异变量缩小，最终导致像 .400 这样优异成绩的消失，这是棒球运动整体水平提高的必然结果。"[1]

彼得·伯恩斯坦是《投资组合管理期刊》的创始编辑，他还著有两本优秀的金融书籍《资本观点：现代华尔街的荒谬起源》（*Capital Ideas：The Improbable Origins of Modern Wall Street*）和《与天为敌》（*Against the Gods：The Remarkable Story of Risk*）。伯恩斯坦将古尔德关于 .400 棒球成绩的观点运用到了投资组合管理上。他说："权益类投资组合的业绩数据所显示出来的模式，与棒球界的结果惊人地相似。"² 伯恩斯坦由此推断,专业人士取得高于平均水平的投资回报成为稀缺现象,这是投资管理教育和认知水平一直提高的结果。当越来越多的人具备越来越多的投资技能,少数投资超级巨星取得创纪录的优秀业绩的概率就随之降低。

这是一个有趣的类比,如果顺着这条线索接着推理,我们可以得出这样的结论——像沃伦·巴菲特这样的重量级"击球手"会逐渐被信息灵通、头脑灵活的投资者所构成的有效市场完全取代。的确,伯恩斯坦指出,将伯克希尔-哈撒韦的投资记录与标准普尔500指数进行比较,你会发现20世纪60年代和70年代的表现,要好于80年代和90年代。然而,我要说的是,考虑到股票市场上更加激烈的竞争,以及伯克希尔庞大的资本基数在这种比较中形成的障碍,巴菲特依然可以称得上是一位.400的杰出击球手。

成为一个.400成绩的击球手

伯恩斯坦写过一篇文章,名为《那些昔日杰出的击球手在哪里?》在这篇文章里,他有意为业绩表现假说留了后门。他写到,要成为一个.400成绩的优秀击球手,基金经理必须有意地集中筹码,"如果目标能够提供超额收益,那么集中就是不可或缺的"。³尽管伯恩斯坦认为,跟踪误差和较高的标准差会令任何基金经理对集中投资法敬而远之,但事实仍然是:集中投资具有最佳的战胜大盘的机会。

如果我们打开伯恩斯坦的后门,向外张望,我们会看到谁?

毫无疑问，我们会看到约翰·梅纳德·凯恩斯、菲利普·费雪、沃伦·巴菲特、查理·芒格、卢·辛普森和比尔·鲁安。就像一个年轻的新秀会全神贯注地盯着泰德·威廉姆斯一样，我们会研究这些.400成绩的优秀选手的击球站姿和挥棒，从中学习很多。就像巴菲特曾经说的那样："生活的关键在于找到谁是蝙蝠侠。㊀"**4**

成为一名优秀的基金经理人，应该
• 视股票为企业
• 扩大你的投资规模
• 降低投资组合换手率
• 使用不同衡量业绩的标尺
• 学会概率思维
• 懂得误判心理学
• 对市场预测视而不见
• 等待最佳击球机会

视股票为企业

巴菲特说："以我们的观点，学习投资的学生只需要认真学习两门功课即可：如何为一个企业估值，以及如何看待价格。"**5**

对于任何想模仿巴菲特投资方法的人而言，首先的也是最为重要的一步，是必须将股票视为企业。"每当芒格和我为伯克希尔买入股票时，我们都会当作是在买进一家私营企业。我们会审视企业的经济前景、管理层以及我们可能会支付的价格。"**6** 巴菲

㊀ 这句话是说，生活的关键在于找到谁是你的英雄。——译者注

特所寻求的,已经呈现在《巴菲特之道》一书提到的投资准则之中,你也可以在本书的第1章发现这些准则的总结。

巴菲特解释道:"作为一个投资者,你的目标应该就是以理性的价格,买入一个容易理解的、盈利确定会增长的企业的一部分,这种盈利增长的确定性就是企业在5年、10年、20年以后的盈利肯定比今天多。长期而言,你会发现满足这样条件的公司并不多,所以,一旦你发现了这样的公司,你应该买入足够分量的股票。"[7]

扩大你的投资规模

巴菲特坦诚说:"如果我不打算投入自己身家的10%在一家企业上,我就不想买它了。如果我不打算投入那么多,说明这个主意也不怎么样。"(OID)[8]

一个投资者应该持有多少只股票?巴菲特会告诉你,这取决于你自己的投资方式。如果你有能力去分析和评估企业,那么,你可能不需要拥有很多只股票。巴菲特认为,只有那些不太了解自己在干什么的投资者,才需要广泛的多元化投资。

作为一个企业买家,并没有法律规定你必须在每一个重要行业里都进行投资。你也没有被要求在投资组合中必须持有40只、50只或者上百只股票,来达到足够的多元化。巴菲特问到,如果拥有10家公司的企业主可以过得很舒适,那为什么一个股票持有者需要不同的做法呢?

广泛的多元化是一把双刃剑。如果一个投资者不具备分析企业的技能,那么,广泛的多元化就像指数基金一样,是一个正确的选择。然而,我们也知道,过分多元化会损害投资结果,因为每只股票在整个组合中的仓位都会受到限制。甚至，那些现代金融理论的倡导者们也发现，平均而言，"一个持有15只股票的投资组合可以达到85%的多元化效果，一个持有30只股票的投资组合可以将多元化效果提升到95%"。[9]

巴菲特提醒我们考虑这样一个问题：如果你拥有的是最好的企业，它有最小的财务风险、最佳的长期前景，那么，有什么必要将你的资金投给排在第20名的企业，而不是投给最好的企业呢？

降低投资组合换手率

那种以为通过持续频繁的买卖就可以改善投资业绩的想法是错误的。我们已经知道投资组合的换手会产生交易成本，这会降低你的整体回报。对于那些需要缴税的投资而言，高换手率的危害会更大一些。每卖出一只股票，在假设获利的情况下，你就必须以缴税的方式放弃一部分盈利。请记住，在投资组合中那些未变现的资本利得一直是属于你的，只要你一直持有这些股票不卖。假设拥有这些公司背后的投资逻辑没有改变，通过保有这些资本利得，你的财富会以复利的形式得到更加强有力的增长。

对待你的投资组合，就像你是这些公司的CEO一样。巴菲特说："一家持有一个长期超级赚钱子公司的母公司，是不会卖出自家这颗'皇冠上的宝石'的。"然而，同样是这家公司的CEO，有可能出于冲动而卖出自己私人投资组合中的股票，他的行为依据仅仅是一个貌似合理的说法——"有利可图总不至于破产吧"。

巴菲特解释说："以我们的观点，那些对企业有效的规律对股票也一样有效。通常，投资者持有一家公司的部分股票，就应该像他拥有公司的全部一样，展现出同样坚忍不拔的品质。"[10]

使用不同衡量业绩的标尺

集中投资法是基于价值的投资模式，而不是基于价格的投资模式。这种基于价值的模式，强调将投资组合集中于几只精选的股票上，因为这样能使你更好地了解这些公司，更好地观察你所拥有的企业。在这种基于价值的模式中，拥有更少的股票，而不是相反，可以降低投资组合的整体经济风险。在基于价值的模式中，波动是一件好事情，因为这给了你以较低价格买入伟大企业更多股份的机会。相反，在基于价格的模式中，多元化是广泛的，所有权是分离的，波动被视为是负面的。

在基于价值的投资模式中，你会感到很舒适，因为你知道股票未来的价格与其背后企业经济状况关系密切。企业的经济状况向好，股价会随之上升；企业的经济状况恶化，股价会随之下跌。

在这种框架下，你有赢家的优势——一个有高成功概率的方法。与此相反，那些试图猜测短期股价走势的做法是输家的游戏。虽然基于价值的模式不以短期价格变化为衡量标尺，但这并不意味着没有方法来衡量集中投资者的表现，这仅仅意味着需要使用不同的业绩衡量标尺。

集中投资者可以用计算透视盈余的方式，来衡量他们投资组合的表现，就像巴菲特做的那样。将你投资组合中所持企业的整体收益能力，计算成每股盈利，乘以你所持有的股数。按照巴菲特的解释，企业所有者的目标，是构建一个10年之后，可以提供最高透视盈余的投资组合。

学会概率思维

我们都知道巴菲特对于桥牌的热爱。如果你知道巴菲特和芒格都认为桥牌和投资之间有很多相似之处,恐怕也不会感到吃惊。芒格说:"我们的投资方法,与你打桥牌的方式是一样的:都是在估算真正的概率。"(OID)[11]

关于桥牌,巴菲特最喜欢的书是 S. J. 西蒙(S. J. Simon)写的《为什么你打桥牌会输》(*Why You Lose at Bridge*),这本书包含了一些集中投资者应该牢记的真知灼见。根据西蒙的说法,"在玩桥牌的人中,有意识地将数学原则融入其中的人非常罕见。通常,只有职业玩家会这么干。给玩家带来利益的并不是他高超的技巧,而是他高超的数学能力"。[12]

任何扑克游戏,无论是桥牌、纸牌还是 21 点,实际上都是数学问题,投资也一样。但请记住,投资中的数学并非遥不可及。贝叶斯推理涉及的代数也就相当于高中水平的数学。当然,在实际投资中,纯粹的数学运用经常需要主观概率分析作为补充,而这些技能来源于你的商业经验。巴菲特曾经在数个场合说过,他能成为一个好投资者是因为他是一个企业家,他能成为一个好企业家是因为他是一个投资者。

当你花更多的时间沿股票就是企业的思路思考、阅读公司年报和有关投资的杂志、调研企业的经济状况,而不是天天盯着股价,概率的观念将会自然浮现。你将会吃惊地发现,自己能很快看出存在于每日股价变化表象之下的公司商业模式。巴菲特指出:"你的确会看到一些企业模式和商业行为的重复出现,但是华尔街偶尔会忽视这些。"(OID)[13]

如果你成为这种关注企业模式的投资者,你就会发现自己更容易以概率的方式思考,而这将帮助你形成巨大的竞争优势。毕竟,正如西蒙所说,阻碍一个好的桥牌玩家成为一个伟大玩家的原因是对"数学的漠然"。

懂得误判心理学

概率论的创始人之一布莱斯·帕斯卡说:"在宇宙天地间,人心在某一时刻,可能极具荣耀,也可能极感卑微。"(OID)[14] 查理·芒格通过发表自己对于心理学和投资的想法,为投资者提供了巨大的帮助,他说:"人心既有巨大的力量,也可能发生故障,这会导致人们得出错误的结论。"(OID)[15]

投资涉及的心理学是极其重要的。我们可以搞清楚经济状况,也可以弄明白概率,但如果我们让情绪战胜了良好的判断,那么无论是对集中投资法,还是对其他任何投资法,都不会有什么好处。

集中投资法并非对每一个人都合适,记住这一点非常重要。这是一种独一无二的风格,且经常与大众的想法相矛盾。芒格说:"每个人都必须从边际效用的角度来参与游戏,同时要考虑到自己的心理。"根据芒格的说法:"如果亏损令你感到难过,且一些亏损是不可避免的,你就应该采取一些非常保守的投资方式,这样能救你一命。"(OID)[16]

巴菲特对此也表示赞同,他说,只要你有长期投资的想法,集中投资的风险"就是你自己的风险——你对企业基本面是否能保持信心,你是否可以不过度关注股票市场"。(OID)[17]

对市场预测视而不见

在1997年年底，谁能预见世界第二大经济体——日本会陷入第二次世界大战之后最为严重的经济衰退？谁能预见俄罗斯的债务违约？谁能预见东南亚市场的突然崩溃？又有谁能预见道琼斯工业平均指数在6周内大跌1800点，又在之后短短3个月内再创新高？

答案是：没有人能预见这些结果。如果有人声称可以预测，那他们准确预测第二次的概率不会大于抛硬币游戏成功的概率。股票市场（作为世界经济的一部分）是一个复杂适应性系统，它永远处于一种不断进化的状态中。短暂的、简单的预测似乎有用，但是，它们最终会失败。拥抱它们或许有诱惑力，但这实在是太傻了。

巴菲特说股市经常是有效的。当它有效的时候，市场上信息随手可得，参与者迅速介入，参与定价。但请注意，他并没有说，市场总是有效的。那些市场参与者的定价，并不总是能准确反映企业的内在价值。股价与企业的内在价值相背离的原因有很多，包括心理过度反应以及对经济状况的误判。集中投资者处于有利位置，可以利用这种价格的错位。但是，如果他们将宏观经济或股市预测包含在他们的模式中，集中投资者的竞争优势将会被削弱。

等待最佳击球机会

泰·柯布曾经说过："泰德·威廉姆斯见过的球比任何活着的人都多，但他需要的是完美一击。"这种高度自我约束的纪律性或许能解释为什么威廉姆斯是过去70年中唯一取得.400佳绩的击球手。沃伦·巴菲特非常欣赏泰德·威廉姆斯,他在数个场合将威廉姆斯极具纪律性的方法分享给伯克希尔的股东们。在《击球的科学》(The Science of Hitting)一书中,威廉姆斯解释了他的技术。他将棒球的击球区划分为77个小方格,每一个都只有棒球那么大。巴菲特说:"威廉姆斯明白,自己只会击打那些进入'最佳方格'里的球,那会带给他.400的好成绩;而击打位于击球区低外角'最糟方格'里的球,会将他的成绩拖低至.23。"[18]

威廉姆斯有关击球的建议与投资之间的相似之处显而易见。对巴菲特来说,投资就是一系列的"企业"击球,为取得超越平均水平的业绩,他必须等待企业进入最佳击球区。巴菲特认为大多数时候投资者击打了坏球,所以才表现不佳。或许,投资者并不是无法分辨什么是"好球"——好公司。事实上,投资者的困难,在于他们总是忍不住要挥棒。

我们如何才能克服这种两难困境?巴菲特推荐了一种方法,假设投资者持有一张"终生决策卡",上面最多只能打20个孔。终其一生,你只能做20个投资决策。你每挥一次棒,就打一次卡,你的生命中就少了一次投资机会,这会迫使你只看那些最好的投资机会。

当来球不佳时,不要被诱惑。威廉姆斯为了等待最佳来球,不惜冒着三振出局的风险。相比之下,投资者就容易多了。巴菲特说,不像威廉姆斯,"如果我们拒绝为三次坏球挥棒,至少我们不会被淘汰出局"。[19]

集中投资者的责任：公平警示标签

下面这句话极其重要，在放下本书之前，请你认真考虑。我们曾经建议过，将《巴菲特之道》与这本《巴菲特的投资组合》放在一起阅读，其呈现给读者的效果就像法拉利车主手册一样。如果你要驾驶这辆时速可达每小时 200 英里[⊖]的高性能跑车，你就有责任安全驾驶。聪明的做法是，你不但要阅读驾驶手册，还要照着黑体字的要求行事。与此类似，如果你准备系上一条集中投资的安全带，我可以为你列出如下一些提醒：

- 除非你愿意由始至终将股票视为企业的一部分，否则就不要踏入股市。
- 做好准备，努力研究你所拥有的公司以及同行的竞争对手，你的目标应该是没有人比你更了解你的公司或行业。
- 除非你愿意投资至少 5 年时间，否则就不要开始你的集中投资之旅。投资期限越长，越安全。
- 不要用杠杆进行集中投资。一个不加杠杆的集中投资已经足以帮助你很快达到目标。请记住，一个突如其来的催缴保证金的电话（Margin Call）可能会摧毁一个结构良好的投资组合。
- 驾驭一个集中投资组合需要合适的性情和品质。

作为集中投资者，你的目标是对自己持有的公司了如指掌，达到连华尔街也无法企及的程度。你或许会说这不可能，但是，看看华尔街的所作所为，这可能并不像你想的那么难。如果你愿

⊖ 1 英里 =1609.344 米。

意下大功夫研究公司，你对于所持有的公司的了解将会超越投资者的平均水平，这就是你为获得竞争优势所需要做的全部工作。

巴菲特说，他的投资方法并没有超出任何一个认真的投资者所能理解的范围。我同意这一点，你不需要有 MBA 的水平才能进行企业评估，进而从集中投资法中获利。然而，集中投资的确要求你投入时间去进行研究。正如巴菲特所说："投资比你想的要容易，但比看起来要难。"[20] 成功的投资不要求你学习满是希腊符号的高深数学，你不必会破译衍生品和国际货币的涨跌，你不需要深度解读美联储的货币政策，你当然也不必追随那些胡扯的市场预测。

一些投资者可能宁愿会聊"股市在干什么"，也不愿去阅读公司年报。但是，请相信我，一个关于股市未来走向及利率变动的"鸡尾酒式的聊天"能给你带来的益处，远远比不上你花30分钟阅读自己持有的公司提供的最新资料。

为什么华尔街对集中投资法视而不见

令人感到惊讶的是，尽管集中投资的实践者们已经取得了非凡的成就，但在以复制成功而著称的行业里，截至目前，华尔街对此依然视若无睹。查理·芒格说："我们的做法（集中投资）如此简单，却没有被广泛效仿，我不知道这是为什么。伯克希尔的股东们使用它，你们所有人（股东）也都已经学会了。但这种方法并没有成为投资管理界的标准，无论是在大学还是在其他学术机构里。那么，这就产生了一个有趣的问题：如果我们是正确的，为什么这么多著名机构都错了呢？"(OID)[21]

芒格提出了一个根本性的问题：为什么人们拒绝我们的做

法？我们尤其要问的是，当这些做法取得了巨大的成功后，人们为什么还是拒绝呢？回答这个问题最好的人选是托马斯·库恩。

库恩是一位从物理学转行的哲学家，1996年离世。他在1962年发表了著名的《科学革命的结构》，这本书被认为是20世纪后半叶最有影响力的哲学著作之一，甚至是最有影响力的哲学著作。这本书的销量超过了100万册，它介绍了一个新的概念——范式，也就是现在广为人知的短语——范式转换。

依据库恩的观点，科学的进程不总是一帆风顺的。尽管我们会认为科学的发现就是一个将知识的砖瓦添加到一个已然坚固的大厦中的过程，但库恩的发现显示，有时科学的进步是通过危机发生的——首先推翻原先流行的学术架构模式或范式，然后重新构建一个崭新的模式。

历史似乎证实了库恩的理论，哥白尼的日心说取代了地心说，爱因斯坦的相对论取代了欧几里得的几何学。库恩解释说，在每一个这样的事情发生之前，都有一次范式转换，且首先都会有一个危机时期。一些人认为，就广泛多元化投资组合和集中投资组合二者的长短优劣问题，现在学术界进行的激烈争论就是一种这样的危机。

根据库恩的观点，范式转换发生的第一步是发生了反常的情况。巴菲特说："我总是觉得'反常'这个词很有趣，因为哥伦布就是一个反常的人，至少有一段时间是这样。'反常'意味着学术界无法解释，他们不去重新检视自己的理论，而是简单地斥之为反常。"（OID）[22]

很多年来，学术界人士一直试图将巴菲特解释成一个反常的例子，或者是统计学上说的五西格玛事件。在他们看来，巴菲特是如此的非比寻常,他的成功是如此罕见,谁要是想复制巴菲特的成功只能靠运气。一些经济学家用经典的猩猩的故事做类比:如果你在一个房间里放进足够多的猩猩,从统计学的角度讲,其中有一只猩猩一定会出现"巴菲特现象"。可如果是这样的话,我们如何解释约翰·梅纳德·凯恩斯、菲利普·费雪、查理·芒格、卢·辛普森和比尔·鲁安这些人的成功呢?

新范式开始成形的重要原因之一,是旧范式开始分崩离析。当这种情形发生时,通常那些旧范式的支持者会拿出胶带,全力以赴地挽救他们的旧范式。当托勒密的旧学说再也无法解释天体的运行时,天文学家们只是在原有模式上加了几道圈,以试图解释天体的运行。他们坚持认为托勒密的观点没有错,只是需要改进一下而已。

你可能会认为,在当今的世界,科学家们应该已经可以欣然接受新的甚至是相互矛盾的信息,然后混合构建成一种新的范式。但事实远非如此,库恩说:"尽管他们(旧范式的支持者)或许开始失去信心,并开始考虑替代物,但他们不愿放弃原先导致危机的范式。"[23] 在投入了大量的人力和物力进行当前范式的教育和宣传之后,接受一个范式转换,在认识上、情感上和财务上都不是一次值得的冒险。

从历史上看,当范式转换发生后,其过程会延续数十年,涉及数代人,这就有了足够的时间去培养新的支持者。那么,当旧范式走到了穷途末路、无可挽救的一步时,新范式就会以无可阻挡的力量出现在地平线上。范式转换完成之前,新范式的支持者们所面临的最大的挑战,是如何在一个对他们的成功充满敌意的世界中存活下去。

库恩告诉我们，在范式危机中生存需要抗争与信念。我认为巴菲特部落的超级投资者们已经表现出了这两种精神。考虑到他们的成功，我们这些追随他们的人也应该会做得不错。

投资与投机

伟大的金融思想家，包括约翰·梅纳德·凯恩斯、本杰明·格雷厄姆和沃伦·巴菲特，都解释过投资和投机的不同。根据凯恩斯的说法，"投资是一种基于某种资产整个存续期对该资产的收益进行预期的活动……投机是一种预期市场心理的活动"。[24] 格雷厄姆说："投资是基于透彻的分析、保证本金安全以及满意的回报的行为。所有未能符合这些要求的行为均为投机。"[25] 巴菲特认为："如果你是一个投资者，你看的是资产——按我们的说法就是企业的状况。如果你是一个投机者，你主要预测的是股价会如何，而不是企业本身。"（OID）[26]

总体而言，他们都同意投机者痴迷于猜测未来的股价，而投资者关注股票所代表的资产，并相信未来股价与其所代表的资产状况紧密相关。如果他们的观点准确，那么，看起来如今主导金融市场的很多活动都属于投机，而不是投资。

投资和投机，这是一个由来已久但一直存在的论题，双方都有热情的支持者。本杰明·格雷厄姆离世前不久，接受了查尔斯·埃利斯对他的深度采访。埃利斯是格林威治合伙公司的合伙人，也是《赢得输家的游戏》⊖一书的作者，他在1976年代

⊖ 本书已由机械工业出版社出版。

表《金融分析师杂志》对格雷厄姆进行了那场采访。埃利斯回忆，他们一开始就谈到了投资和投机的问题。根据埃利斯的说法，投机的概念并没有令格雷厄姆感到困惑，因为他认为投机一直是股票市场的一部分。令格雷厄姆深感困惑的是，投资者已经在不知不觉中沾染了投机的习气。

或许，我们是在以错误的方式看待这个问题。与其就什么是投资、什么是投机争论不休，也许我们应该更多地关注知识的要素。[27]我想，如果你对企业的运营以及股价的表现有更多的了解，你就会开始明白集中投资组合的意义。与广泛的分散投资组合相反，集中投资组合会赋予你战胜指数基金的机会。你会明白，高换手率的投资组合会增加你的投资成本，而低换手率的投资组合会提高你的潜在回报。你会明白追逐股价是一个傻瓜的游戏，于是，你会开始构建知识大厦的一砖一瓦，从而奔向投资的大道，远离投机。

我们可以肯定地说，学习知识的确起到了提升投资回报的效果（见图9-1），并且降低了我们的整体风险（见图9-2）。我认为我们还可以用知识定义投资和投机之间的不同（见图9-3）。最后，你的知识水平越高，主导你思维和行动的纯投机因素就越少。

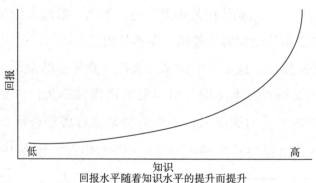

回报水平随着知识水平的提升而提升

图9-1　知识与回报的关系

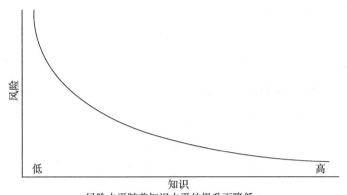

图 9-2　知识与风险的关系

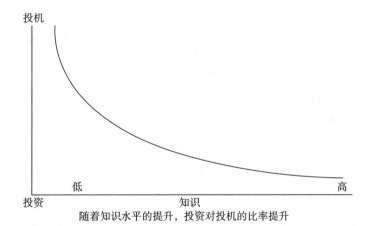

图 9-3　知识与投资／投机的关系

极具天赋的财经作家罗恩·切诺说："金融系统反映了社会的价值观。"[28] 我认为这在很大程度上是对的。长期以来，我们似乎错置了我们的价值观，我们的市场屈从于投机的力量。不久，我们会改正自我，继续我们的金融旅程，但会再次陷入灾难性的坏习惯。摆脱恶性循环的唯一出路，是教育我们自己认清什么是真理，什么是幻象。

向最棒的人学习

在不久之前伯克希尔-哈撒韦的一次会议上,巴菲特和芒格被问到,以他们两位伟大的头脑培养新一代投资者的可能性。当然,这正是他们在过去20年中一直在做的事情。伯克希尔-哈撒韦的年会以其清晰、充满真知灼见以及极具教育价值而闻名,任何有幸参与伯克希尔-哈撒韦年会的人都深受启发。(那些不能亲临现场的人也可以从巴菲特和芒格的讲话中受益。他们的其他演讲和访谈,亨利·艾默森(Henry Emerson)在《杰出投资者文摘》上有过报道。)通过他们自身的例子和公开的言论,沃伦·巴菲特和查理·芒格帮助数千名投资者学会如何对投资过程进行思考,就像当年他们从自己的老师那里学来的一样。

关于芒格,我们知道的一点是,他"坚信要掌握别人已经搞清楚的东西中最好的部分。我不相信仅仅坐在那里,梦想就会自己变为现实,没有人会那么聪明"。(OID)⊖[29]

对此,巴菲特也表示赞同,他说:"我主要通过自我阅读来学习,所以我不认为我有什么原创的观点。可以肯定地说,我谈论过格雷厄姆,我读过费雪的文章,所以,我从阅读中得到了很多自己的看法。"根据巴菲特的说法,"你可以从别人那里学到很多,你不必自己产出很多新的观点,你可以直接运用你看到的最好的东西"。(OID)[30]

⊖ 芒格的这个观点与荀子非常一致,荀子曰:"吾尝终日而思矣,不如须臾之所学也。"——译者注

知识的获得是一场旅行。沃伦·巴菲特和查理·芒格从前人身上获得了很多智慧，打磨出他们自己的认知，现在，他们将这些慷慨地分享给那些思想活跃、精力充沛、心胸开阔、愿意探索、努力学习的人。

芒格曾经说过："有些人会抗拒学习任何东西，这令人匪夷所思。"巴菲特补充道："更加令人震惊的是，即便在对他们有益的情况下，他们依然抗拒学习。"接着，巴菲特以一种若有所思的语气继续说："对于思考或者改变这样的话题，真的存在不可思议的抗拒。我曾经引用过伯特兰·罗素的一句话：'多数人宁愿去死，也不愿思考。很多人都是这样。'从金融的角度而言，这的确是千真万确。"（OID）[31]

附 录 A

表 A-1 到表 A-10 呈现了伯克希尔 1988～1997 年持有的普通股投资组合。第 3 章讨论了巴菲特在可口可乐上下的"大赌注"。你或许对其他的持股分布也有兴趣了解。

附录A   203

表 A-1 伯克希尔－哈撒韦 1988 年普通股投资组合

持股数	公司	成本（千美元）	市值（千美元）	组合占比（%）	年化回报（%）	加权回报（%）	均等权重回报（%）	2%权重回报（%）
3 000 000	大都会/美国广播公司	517 500.00	1 086 750.00	35.6	5.1	1.8	1.0	0.1
6 850 000	GEICO 公司	45 713.00	849 400.00	27.8	13.5	3.8	2.7	0.3
14 172 500	可口可乐公司	592 540.00	632 448.00	20.7	22.8	4.7	4.6	0.5
1 727 765	华盛顿邮报公司	9 731.00	364 126.00	11.9	13.6	1.6	2.7	0.3
2 400 000	联邦住房贷款抵押公司	71 729.00	121 200.00	4.0		0.0	0.0	0.0
	普通股总计	1 237 213.00	3 053 924.00	100.0		11.9	11.0	14.9[①]
	（标准普尔 500 指数回报）							16.0
								16.6%

① 市场回报（标准普尔 500 指数）占组合的 90%。
资料来源：伯克希尔－哈撒韦 1988 年年报。

表 A-2 伯克希尔-哈撒韦 1989 年普通股投资组合

持股数	公司	成本（千美元）	市值（千美元）	组合占比（%）	年化回报（%）	加权回报（%）	均等权重回报（%）	2% 权重回报（%）
23 350 000	可口可乐公司	1 023 920.00	1 803 787.00	34.8	77.0	26.8	15.4	1.5
3 000 000	大都会/美国广播公司	517 500.00	1 692 375.00	32.6	55.8	18.2	11.2	1.1
6 850 000	GEICO 公司	45 713.00	1 044 625.00	20.1	24.2	4.9	4.8	0.5
1 727 765	华盛顿邮报公司	9 731.00	486 366.00	9.4	34.6	3.2	6.9	0.7
2 400 000	联邦住房贷款抵押公司	71 729.00	161 100.00	3.1	0.0	0.0	0.0	0.0
普通股总计		1 668 593.00	5 188 253.00	100.0		53.1	38.3	28.5①
						（标准普尔 500 指数回报）		32.3
							31.6%	

①市场回报（标准普尔 500 指数）占组合的 90%。
资料来源：伯克希尔-哈撒韦 1989 年年报。

表 A-3 伯克希尔-哈撒韦 1990 年普通股投资组合

持股数	公司	成本（千美元）	市值（千美元）	组合占比（%）	年化回报（%）	加权回报（%）	均等权重回报（%）	2%权重回报（%）
46 700 000	可口可乐公司	1 023 920.00	2 171 550.00	40.2	22.7	9.1	3.8	0.5
3 000 000	大都会/美国广播公司	517 500.00	1 377 375.00	25.5	-18.6	-4.7	-3.1	-0.4
6 850 000	GEICO公司	45 713.00	1 110 556.00	20.5	7.5	1.5	1.3	0.2
1 727 765	华盛顿邮报公司	9 731.00	342 097.00	6.3	-28.4	-1.8	-4.7	-0.6
5 000 000	富国银行	289 431.00	289 375.00	5.4	-16.8	-0.9	-2.8	-0.3
2 400 000	联邦住房贷款抵押公司	71 729.00	117 000.00	2.2	-25.4	-0.6	-4.2	-0.5
	普通股总计	1 958 024.00	5 407 953.00	100.0		2.7	-9.8	-2.7[①]
						（标准普尔 500 指数回报		-3.9 -3.1%）

① 市场回报（标准普尔 500 指数）占组合的 88%。
资料来源：伯克希尔-哈撒韦 1990 年年报。

表 A-4 伯克希尔-哈撒韦 1991 年普通股投资组合

持股数	公司	成本（千美元）	市值（千美元）	组合占比（%）	年化回报（%）	加权回报（%）	均等权重回报（%）	2%权重回报（%）
46 700 000	可口可乐公司	1 023 920.00	3 747 675.00	42.9	75.4	32.4	10.8	1.5
6 850 000	GEICO 公司	45 713.00	1 363 150.00	15.6	23.8	3.7	3.4	0.5
24 000 000	吉列公司	600 000.00	1 347 000.00	15.4	81.8	12.6	11.7	1.6
3 000 000	大都会/美国广播公司	517 500.00	1 300 500.00	14.9	-5.5	-0.8	-0.8	-0.1
2 495 200	联邦住房贷款抵押公司	77 245.00	343 090.00	3.9	188.0	7.4	26.9	3.8
1 727 765	华盛顿邮报公司	9 731.00	336 050.00	3.9	0.2	0.0	0.0	0.0
5 000 000	富国银行	289 431.00	290 000.00	3.3	5.3	0.2	0.8	0.1
	普通股总计	2 563 540.00	8 727 465.00	100.0		55.5	52.7	26.1①
	（标准普尔 500 指数回报）							30.4%	33.5

注：不包括 Guinness PLC。
① 市场回报（标准普尔 500 指数）占组合的 86%。
资料来源：伯克希尔-哈撒韦 1991 年年报。

表 A-5 伯克希尔-哈撒韦 1992 年普通股投资组合

持股数	公司	成本（千美元）	市值（千美元）	组合占比（%）	年化回报（%）	加权回报（%）	均等权重回报（%）	2%权重回报（%）
93 400 000	可口可乐公司	1 023 920.00	3 911 125.00	35.1	5.8	2.0	0.7	0.1
34 250 000	GEICO 公司	45 713.00	2 226 250.00	20.0	64.2	12.8	8.0	1.3
3 000 000	大都会/美国广播公司	517 500.00	1 523 500.00	13.7	17.2	2.3	2.1	0.3
24 000 000	吉列公司	600 000.00	1 365 000.00	12.3	2.7	0.3	0.3	0.1
16 196 700	联邦住房贷款抵押公司	414 527.00	783 515.00	7.0	7.4	0.5	0.9	0.1
6 358 418	富国银行	380 983.00	485 624.00	4.4	34.5	1.5	4.3	0.7
4 350 000	通用动力公司	312 438.00	450 769.00	4.0	96.7	3.9	12.1	1.9
1 727 765	华盛顿邮报公司	9 731.00	396 954.00	3.6	20.4	0.7	2.6	0.4
	普通股总计	3 304 812.00	11 142 737.00	100.0		24.2	31.1	6.4①
								11.4
						(标准普尔 500 指数回报)		7.6%

注：不包括 Guinness PLC。
① 市场回报（标准普尔 500 指数）占组合的 84%。
资料来源：伯克希尔-哈撒韦 1992 年年报。

表 A-6 伯克希尔-哈撒韦 1993 年普通股投资组合

持股数	公司	成本（千美元）	市值（千美元）	组合占比（%）	年化回报（%）	加权回报（%）	均等权重回报（%）	2%权重回报（%）
93 400 000	可口可乐公司	1 023 920.00	4 167 975.00	37.9	8.3	3.1	1.0	0.2
34 250 000	GEICO 公司	45 713.00	1 759 594.00	16.0	-19.7	-3.1	-2.5	-0.4
24 000 000	吉列公司	600 000.00	1 431 000.00	13.0	6.4	0.8	0.8	0.1
2 000 000	大都会/美国广播公司	345 000.00	1 239 000.00	11.3	22.0	2.5	2.8	0.4
6 791 218	富国银行	423 680.00	878 614.00	8.0	73.0	5.8	9.1	1.5
13 654 600	联邦住房贷款抵押公司	307 505.00	681 023.00	6.2	4.9	0.3	0.6	0.1
1 727 765	华盛顿邮报公司	9 731.00	440 148.00	4.0	12.9	0.5	1.6	0.3
4 350 000	通用动力公司	94 938.00	401 287.00	3.6	48.5	1.8	6.1	1.0
	普通股总计	2 850 487.00	10 998 641.00	100.0		11.7	19.5	8.5① 11.6

（标准普尔 500 指数回报 10.1%）

注：不包括 Guinness PLC。
① 市场回报（标准普尔 500 指数）占组合的 84%。
资料来源：伯克希尔-哈撒韦 1993 年年报。

表 A-7 伯克希尔-哈撒韦 1994 年普通股投资组合

持股数	公司	成本（千美元）	市值（千美元）	组合占比（%）	年化回报（%）	加权回报（%）	均等权回报（%）	2% 权重回报（%）
93 400 000	可口可乐公司	1 023 920.00	5 150 000.00	36.9	17.4	6.4	1.7	0.3
24 000 000	吉列公司	600 000.00	1 797 000.00	12.9	27.4	3.5	2.7	0.5
20 000 000	大都会/美国广播公司	345 000.00	1 705 000.00	12.2	37.8	4.6	3.8	0.8
34 250 000	GEICO 公司	45 713.00	1 678 250.00	12.0	-2.6	-0.3	-0.3	-0.1
6 791 218	富国银行	423 680.00	984 272.00	7.0	15.2	1.1	1.5	0.3
27 759 941	美国运通公司	723 919.00	818 918.00	5.9	12.4	0.7	1.2	0.2
13 654 600	联邦住房贷款抵押公司	270 468.00	644 441.00	4.6	3.2	0.1	0.3	0.1
1 727 765	华盛顿邮报公司	9 731.00	418 983.00	3.0	-3.2	-0.1	-0.3	-0.1
19 453 300	PNC 银行	503 046.00	410 951.00	2.9	-23.6	-0.7	-2.4	-0.5
6 854 500	甘尼特公司	335 216.00	365 002.00	2.6	-4.5	-0.1	-0.5	-0.1
	普通股总计	4 280 693.00	13 972 817.00	100.0		15.3	8.0	2.6
								1.1①
						(标准普尔 500 指数回报)		1.3%

① 市场回报（标准普尔 500 指数）占组合的 80%。

资料来源：伯克希尔-哈撒韦 1994 年年报。

表 A-8 伯克希尔-哈撒韦 1995 年普通股投资组合

持股数	公司	成本（百万美元）	市值（百万美元）	组合占比（%）	年化回报（%）	加权回报（%）	均等权重回报（%）	2%权重回报（%）
49 456 900	美国运通公司	1 392.70	2 046.30	10.6	42.8	4.5	6.1	0.9
20 000 000	大都会/美国广播公司	345.00	2 467.50	12.8	44.9	5.7	6.4	0.9
100 000 000	可口可乐公司	1 298.90	7 425.00	38.4	46.1	17.7	6.6	0.9
12 502 500	联邦住房贷款抵押公司	260.10	1 044.00	5.4	68.2	3.7	9.7	1.4
34 250 000	GEICO公司	45.70	2 393.20	12.4	44.1	5.5	6.3	0.9
48 000 000	吉列公司	600.00	2 502.00	12.9	41.1	5.3	5.9	0.8
6 791 218	富国银行	423.70	1 466.90	7.6	15.2	1.2	2.2	0.3
	普通股总计	4 366.10	19 344.90	100.0		43.6	43.2	32.3[①]
								38.3
						（标准普尔500指数回报		37.6%）

① 市场回报（标准普尔500指数）占组合的86%。

资料来源：伯克希尔-哈撒韦1995年年报。

附录 A 211

表 A-9 伯克希尔-哈撒韦 1996 年普通股投资组合

持股数	公司	成本（百万美元）	市值（百万美元）	组合占比（%）	年化回报（%）	加权回报（%）	均等权重回报（%）	2%权重回报（%）
49 456 900	美国运通公司	1 392.70	2 794.30	11.4	39.8	4.5	5.0	0.8
200 000 000	可口可乐公司	1 298.90	10 525.00	43.0	43.2	18.6	5.4	0.9
24 614 214	华特迪士尼公司	577.00	1 716.80	7.0	19.1	1.3	2.4	0.4
64 246 000	联邦住房贷款抵押公司	333.40	1 772.80	7.2	34.2	2.5	4.3	0.7
48 000 000	吉列公司	600.00	3 732.00	15.3	50.9	7.8	6.4	1.0
30 156 600	麦当劳公司	1 265.30	1 368.40	5.6	1.2	0.1	0.1	0.0
1 727 765	华盛顿邮报公司	10.60	579.00	2.4	20.6	0.5	2.6	0.4
7 291 418	富国银行	497.80	1 966.90	8.0	27.6	2.2	3.4	0.6
	普通股总计	5 975.70	24 455.20	100.0		37.5	29.6	19.3① 24.0
						（标准普尔 500 指数回报 23.0%）		

① 市场回报（标准普尔 500 指数）占组合的 84%。

资料来源：伯克希尔-哈撒韦 1996 年年报。

表 A-10 伯克希尔-哈撒韦 1997 年普通股投资组合

持股数	公司	成本（百万美元）	市值（百万美元）	组合占比（%）	年化回报（%）	加权回报（%）	均等权重回报（%）	2%权重回报（%）
49 456 900	美国运通公司	1 392.70	4 414.00	13.9	59.8	8.3	7.5	1.2
200 000 000	可口可乐公司	1 298.90	13 337.50	42.0	27.9	11.7	3.5	0.6
21 563 414	华特迪士尼公司	381.20	2 134.80	6.7	42.8	2.9	5.4	0.9
63 977 600	房地美	329.40	2 683.10	8.4	53.8	4.5	6.7	1.1
48 000 000	吉列公司	600.00	4 821.00	15.2	30.4	4.6	3.8	0.6
23 733 198	旅行者集团	604.40	1 278.60	4.0	78.8	3.2	9.9	1.6
1 727 765	华盛顿邮报公司	10.60	840.60	2.6	47.0	1.2	5.9	0.9
6 690 218	富国银行	412.60	2 270.90	7.1	28.2	2.0	3.5	0.6
	普通股总计	5 029.80	31 780.50	100.0		38.5	46.1	28.0①
	（标准普尔 500 指数）占组合的 84%。							35.4
	（标准普尔 500 指数回报）							33.35%

① 市场回报（标准普尔 500 指数）占组合的 84%。
资料来源：伯克希尔-哈撒韦 1997 年年报。

附 录 B

为了构建"集中"投资组合,我们跟踪了1200家公司,它们提供了我们所需要的数据,用以调查每一家公司的运营收益与其股价之间的相关性。我们用计算机对数据库进行了筛选,查询了所有在整个18年(1979～1996年)期间都有每股收益和股价数据的公司,最后采用每个自然年度年末的收盘价和扣除特殊项目的每股收益数据。然后,我们拿着这1200家公司的数据,计算选定期限内的每股收益增长率(每股收益斜率除以标准差)和股价增长率(使用几何平均数)。接下来,我们使用Excel表绘制每股收益增长率与股价增长率的关系图,并得出两个变量之间的趋势线和相关性。表B-1到表B-5显示了5个不同时间段的相关性:3年的、5年的、7年的、10年的和18年的。

例如,表B-1显示了每股收益和公司股价之间在3年内的关系。如果我们提取这1200家公司1978～1980年每股收益的数据,将它们与随后3年(1979～1981年)的股价相比,我们会看见这两组变量之间的相关性并不强,仅为0.275,这说明仅有约27%的股价变动能够用收益变动解释。

在所有1978～1995年的3年期投资组合中,每股收益与股价之间的相关性都不是很强,相关系数为0.131～0.360。但如果我们放眼更长的期限,又会得到什么样的结果呢?

表B-2显示了5年期的投资组合,其每股利益与股价之间的关系。相关系数增大到0.374～0.599。7年期的投资组合(见表B-3)显示出更强的相关性,相关系数为0.473～0.670。10

年期投资组合（见表 B-4）的相关系数为 0.593～0.695。到了 18 年期的投资组合（见表 B-5），相关系数为 0.688——这已经是一个意义显著的相关性。

请注意，在每张表中，随着时间的推移，相应的相关性都会有所减弱。在表 B-4 中，每股收益与股价的相关系数从 1979～1988 年的 0.688 下降到 1987～1996 年的 0.598。这一轻微下降并不仅仅是由于两者相关度的下降，更多是由于低利率和低通胀对股价产生的影响。除了每股收益的影响，1987 年以来利率和通胀率都出现了持续的下降，这导致了股票估值的显著上升。

表 B-1 3 年期数据

每股收益 vs. 股份			
每股收益	股价	公司数	相关系数
1978～1980	1979～1981	1 200	0.275 877 2
1979～1981	1980～1982	1 200	0.262 982 9
1980～1982	1981～1983	1 200	0.256 829 4
1981～1983	1982～1984	1 200	0.279 702 5
1982～1984	1983～1985	1 200	0.352 904 8
1983～1985	1984～1986	1 200	0.341 848 7
1984～1986	1985～1987	1 200	0.346 062 0
1985～1987	1986～1988	1 200	0.290 688 8
1986～1988	1987～1989	1 200	0.231 267 0
1987～1989	1988～1990	1 200	0.360 674 8
1988～1990	1989～1991	1 200	0.169 446 8
1989～1991	1990～1992	1 200	0.131 529 5
1990～1992	1991～1993	1 200	0.157 797 3
1991～1993	1992～1994	1 200	0.147 986 5
1992～1994	1993～1995	1 200	0.250 998 0
1993～1995	1994～1996	1 200	0.263 438 8

表 B-2 5 年期数据

每股收益 vs. 股份			
每股收益	股价	公司数	相关系数
1978～1982	1979～1983	1 200	0.433 856 1
1979～1983	1980～1984	1 200	0.541 774 8
1980～1984	1981～1985	1 200	0.599 785 1
1981～1985	1982～1986	1 200	0.570 443 8
1982～1986	1983～1987	1 200	0.586 231 6
1983～1987	1984～1988	1 200	0.568 384 1
1984～1988	1985～1989	1 200	0.507 487 1
1985～1989	1986～1990	1 200	0.497 315 8
1986～1990	1987～1991	1 200	0.509 359 0
1987～1991	1988～1992	1 200	0.546 795 2
1988～1992	1989～1993	1 200	0.403 887 2
1989～1993	1990～1994	1 200	0.386 160 4
1990～1994	1991～1995	1 200	0.375 183 5
1991～1995	1992～1996	1 200	0.374 785 3

表 B-3 7 年期数据

每股收益 vs. 股份			
每股收益	股价	公司数	相关系数
1978～1984	1979～1985	1 200	0.624 116 1
1979～1985	1980～1986	1 200	0.670 590 1
1980～1986	1981～1987	1 200	0.650 843 6
1981～1987	1982～1988	1 200	0.602 655 8
1982～1988	1983～1989	1 200	0.592 577 8
1983～1989	1984～1990	1 200	0.598 844 1
1984～1990	1985～1991	1 200	0.630 244 6
1985～1991	1986～1992	1 200	0.603 508 4
1986～1992	1987～1993	1 200	0.534 091 3
1987～1993	1988～1994	1 200	0.558 314 3
1988～1994	1989～1995	1 200	0.482 094 3
1989～1995	1990～1996	1 200	0.473 750 7

表 B-4　10 年期数据

每股收益 vs. 股份			
每股收益	股价	公司数	相关系数
1978～1987	1979～1988	1 200	0.688 624 7
1979～1988	1980～1989	1 200	0.695 480 8
1980～1989	1981～1990	1 200	0.669 578 1
1981～1990	1982～1991	1 200	0.674 307 8
1982～1991	1983～1992	1 200	0.680 371 6
1983～1992	1984～1993	1 200	0.622 940 6
1984～1993	1985～1994	1 200	0.595 041 4
1985～1994	1986～1995	1 200	0.593 891 1
1986～1995	1987～1996	1 200	0.598 262 6

表 B-5　18 年期数据

每股收益 vs. 股份			
每股收益	股价	公司数	相关系数
1978～1995	1979～1996	1 200	0.688 975 2

注 释

第1章

Epigraph: Interview, Warren Buffett, August 1994.
1. Andrew Barry, "With Little Cheery News in Sight, Stocks Take a Break," *Barron's*, November 16, 1998, MW1.
2. Berkshire Hathaway Annual Report, 1993, p. 15.
3. Ibid.
4. Berkshire Hathaway Annual Report, 1991, p. 15.
5. Interview with Philip Fisher, September 15, 1998.
6. Philip Fisher, *Common Stocks and Uncommon Profits* (New York: John Wiley & Sons, Inc., 1996), p. 108.
7. Interview with Philip Fisher, September 15, 1998.
8. Interview with Ken Fisher, September 15, 1998.
9. Ibid.
10. Interview with Warren Buffett, August 1994.
11. *Outstanding Investor Digest*, August 10, 1995, p. 63.
12. Ibid.
13. *Outstanding Investor Digest*, May 5, 1995, p. 49.
14. *Outstanding Investor Digest*, August 8, 1997, p. 61.
15. *Outstanding Investor Digest*, August 8, 1997, p. 13.
16. *Outstanding Investor Digest*, June 23, 1994, p. 31.

第2章

Epigraph: Widely quoted remark.
1. For a comprehensive and well written historical recovery of the development of modern finance, see: Peter Bernstein, *Capital Ideas: The Improbable Origins of Modern Wall Street* (New York: The Free Press, 1992).
2. Ibid, p. 47.
3. Jonathan Burton, "Travels Along the Efficient Frontier," *Dow Jones Asset Management*, May/June 1997, p. 22.
4. Bernstein, p. 86.

5. Ibid, p. 13.
6. *Outstanding Investor Digest,* April 18, 1990, p. 18.
7. Berkshire Hathaway Annual Report, 1993, p. 13.
8. "Intrinsic value risk" is a term first coined by John Rutledge of Rutledge & Company, Greenwich, CT, *Forbes,* August 29, 1994, p. 279.
9. Berkshire Hathaway Annual Report, 1993, p. 13.
10. *Outstanding Investor Digest,* June 23, 1994, p. 19.
11. Berkshire Hathaway Annual Report, 1993, p. 13.
12. Berkshire Hathaway Annual Report, 1993, p. 12.
13. *Outstanding Investor Digest,* August 8, 1996, p. 29.
14. Berkshire Hathaway Annual Report, 1988, p. 18.
15. Ibid.
16. Benjamin Graham, *The Intelligent Investor: A Book of Practical Counsel* (New York: Harper & Row, 1973), p. 287.

第3章

Epigraph: *Fortune,* 1989.
1. Benjamin Graham, *The Memoirs of the Dean of Wall Street* (New York: McGraw-Hill, 1996), p. 239.
2. 该演讲被改编为一篇同名文章，收录在哥伦比亚商学院出版的*Hermes*（1984年秋）中。此处直接引用的评论便来自该文。
3. Buffett, "The Superinvestors of Graham-and-Doddsville," *Hermes* (Fall 1984).巴菲特在文章中介绍的超级投资者有Walter Schloss，他在20世纪50年代中叶和巴菲特一起在格雷厄姆-纽曼公司工作；Tom Knapp，也是从格雷厄姆-纽曼公司出来的人，后来与另一位格雷厄姆的追随者Ed Anderson组建了Tweedy-Browne合伙公司；比尔·鲁安，另一位格雷厄姆的学生，成立了红杉基金；查理·芒格，巴菲特的合作伙伴；Pacific合伙公司的Rick Guerin；Perlmeter投资公司的Stan Perlmeter。
4. Jess H. Chua and Richard S. Woodward, "J.M. Keynes's Investment Performances: A Note." *The Journal of Finance,* Vol. XXXVIII, No.1, March 1983.
5. Ibid.
6. Ibid.
7. Buffett, "Superinvestors."
8. Ibid.
9. Ibid.

10. Sequoia Fund Annual Report, 1996.
11. Solveig Jansson, "GEICO Sticks to Its Last," *Institutional Investor*, July 1986, p. 130.
12. Berkshire Hathaway Annual Report, 1986, p. 15.
13. Berkshire Hathaway Annual Report, 1995, p. 10.
14. Ibid.
15. Ibid.
16. 此处所述的研究是我与琼·兰姆–坦南特博士（她是康涅狄格州Stamford市通用再保险公司的副总裁）合作进行的一项大型研究报告的一部分。我们的研究成果被收录在题为 "Focus Investing: An Alternative to Active Management versus Indexing" 的论文中。
17. 需要注意的是，当基准回报率高于广泛多元化投资组合的中位回报率时，超越基准回报的概率会提升到足以令基金经理愿意减少组合中股票数量的程度。如果基准回报率低于广泛多元化投资组合的中位回报率，这种关系就不会成立。换言之，在这种环境里，一组集中投资组合不会比一组广泛多元化投资组合具有更高的超越基准回报的概率。然而，集中投资组合与广泛多元化投资组合相比，仍然具有更大的获得超额回报的潜力。
18. Buffett, "Superinvestors."
19. Buffett, "Superinvestors."

第4章

Epigraph: Warren Buffett, "The Superinvestors of Graham-and-Doddsville," *Hermes* (Fall 1984).
1. Joseph Nocera, "Who's Got the Answers?" *Fortune*, November 24, 1997, p. 329.
2. Ibid.
3. Eugene Shahan, "Are Short-Term Performance and Value Investing Mutually Exclusive?" *Hermes* (Spring 1986).
4. Sequoia Fund, Quarterly Report, March 31, 1996.
5. Mark Carhart, "On Persistence in Mutual Fund Performance," *The Journal of Finance*, Vol. LII, No. 1, March 1997; Burton G. Malkiel, "Returns from Investing in Equity Mutual Funds 1971 to 1991," *The Journal of Finance*, Vol. L, No. 2, June 1995.

6. Darryll Hendricks, Jayendu Patel, and Richard Zeckhauser, "Hot Hands in Mutual Funds: Short-Run Persistence of Relative Performance, 1974–1988," *The Journal of Finance*, Vol. XLVIII, No. 1, March 1993.
7. Stephen J. Brown and William N. Goetzmann, "Performance Persistence," *The Journal of Finance*, Vol. L, No. 2, June 1995.
8. Widely used quote by Warren Buffett.
9. Berkshire Hathaway Annual Report, 1987, p. 14.
10. Ibid.
11. Ibid.
12. Berkshire Hathaway Annual Report, 1981, p. 39.
13. Benjamin Graham, *Security Analysis* (New York: McGraw-Hill, 1951).
14. Berkshire Hathaway Annual Report, 1987, p. 15.
15. Berkshire Hathaway Annual Report, 1991, p. 8.
16. Ibid.
17. *Outstanding Investor Digest*, August 10, 1995, p. 10.
18. Ibid.
19. Widely quoted by Tom Murphy. Train metaphor used to describe how to manage a holding company.
20. Berkshire Hathaway Annual Report, 1996.
21. Ibid.
22. Carole Gould, "The Price of Turnover," *The New York Times*, November 21, 1997.
23. Robert Jeffrey and Robert Arnott, "Is Your Alpha Big Enough to Cover Your Taxes?" *Journal of Portfolio Management*, Spring 1993.
24. Ibid.
25. Ibid.
26. *Outstanding Investor Digest*, May 5, 1995, p. 61.
27. Peter Bernstein, "Immortal Words—Impossible," *The Journal of Portfolio Management*, Summer 1995, p. 1.
28. *Outstanding Investor Digest*, May 5, 1998.

第 5 章

Epigraph: *The Commercial and Financial Chronicle*, December 6, 1951.
1. *Outstanding Investor Digest*, August 8, 1997, p. 14.
2. Ibid.
3. Ibid., p. 18.
4. Ibid., p. 17.
5. *Outstanding Investor Digest*, August 8, 1996, p. 34.
6. Berkshire Hathaway Annual Meeting, 1995.

7. Berkshire Hathaway Annual Report, 1992, pp. 13–14.
8. Ibid.
9. *Outstanding Investor Digest,* August 8, 1996, p. 29.
10. "Will the Real Ben Graham Please Stand Up?" *Forbes,* December 11, 1989, p. 310.
11. Interview with Eric Savitz, December 2, 1998.
12. Interview with Amy Arnott, December 2, 1998.
13. Adam Shell, "Bill Miller: Beating the Market Is Routine," *Investor's Business Daily,* November 7, 1997.
14. James Cramer, "Wrong! Rear Echelon Revelations: Mutual Funds and Value Judgements," *TheStreet.com,* July 27, 1998.
15. Sandra Ward, "Another Legend, Another Book?" *Barron's,* June 22, 1998, p. 44.
16. *Outstanding Investor Digest,* September 24, 1998, p. 48.
17. *Outstanding Investor Digest,* March 13, 1998, p. 55.
18. Ibid.
19. Interview with Bill Miller, December 1, 1998.
20. A reference book that Bill Miller often cites as insightful to the process of understanding technology companies is: Jeff Moone, *The Gorilla Game: An Investor's Guide to Picking Winners in High Technology* (New York: HarperCollins Publishers, 1998).
21. Interview with Lisa Rapuano, December 2, 1998.
22. Interview with Bill Miller, December 1, 1998.
23. Ibid.
24. Interview with Michael Mauboussin, December 2, 1998.
25. Ibid.

第 6 章

Epigraph: *Outstanding Investor Digest,* June 23, 1994, p. 19.
1. For an excellent read of Warren Buffett's life, see Roger Lowenstein's, *Buffett: The Making of an American Capitalist* (New York: Random House, 1995).
2. Alexander Alger, "Buffett on Bridge," *Forbes,* June 2, 1997, pp. 206–207.
3. Andrew Kilpatrick, *Of Permanent Value: The Story of Warren Buffett,* p. 533. Quotes from Chris Stavrou's meeting with Warren Buffett are cited here (Birmingham, AL: AKPE Publisher, 1998).
4. *Outstanding Investor Digest,* May 5, 1995, p. 49.
5. Peter L. Bernstein, *Against the Gods* (New York: John Wiley & Sons, Inc., 1996), p. 63.

6. Ibid.
7. Ibid.
8. *Outstanding Investor Digest*, May 5, 1995, p. 49.
9. Robert L. Winkler, *An Introduction to Bayesian Inference and Decision* (New York: Holt, Rinehart and Winston, 1972), p. 17.
10. Kilpatrick, *Of Permanent Value: The Story of Warren Buffett*, p. 800.
11. *Outstanding Investor Digest*, April 18, 1990, p. 16.
12. Ibid.
13. Ibid.
14. *Outstanding Investor Digest*, June 23, 1994, p. 19.
15. Robert G. Hagstrom Jr., *The Warren Buffett Way* (New York: John Wiley & Sons, Inc., 1994).
16. Berkshire Hathaway Annual Report, 1990, p. 16.
17. Ibid.
18. Berkshire Hathaway Annual Report, 1993, p. 16.
19. Berkshire Hathaway Annual Report, 1993, p. 15.
20. Edward O. Thorp, *Beat the Dealer: A Winning Strategy for the Game of Twenty-One* (New York: Vintage Books, 1962).
21. I am indebted to William H. Miller III for pointing out the J.L. Kelly growth model.
22. C.E. Shannon, "A Mathematical Theory of Communication," *The Bell System Technical Journal*, Vol. XXVII, No. 3, July 1948.
23. J.L. Kelly Jr., "A New Interpretation of Information Rate," *The Bell System Technical Journal*, Vol. XXXV, No. 3, July 1956.
24. Interview with Ed Thorp, November 25, 1998.
25. *Outstanding Investor Digest*, August 8, 1996, p. 23.
26. Berkshire Hathaway Annual Report, 1992, p. 11.
27. Berkshire Hathaway Annual Report, 1996, p. 9.
28. Ibid.
29. Interview with Ajit Jain, December 15, 1998.
30. Interview with Charlie Munger, May 1997.
31. Berkshire Hathaway Annual Report, 1997, p. 8.
32. Berkshire Hathaway Annual Report, 1995, p. 13.
33. *Outstanding Investor Digest*, May 5, 1995, p. 57.
34. Ibid.
35. Andrew Beyer, *Picking Winners, A Horse Player's Guide* (New York: Houghton Mifflin Company, 1994), p. 178.
36. *Outstanding Investor Digest*, December 29, 1997, p. 30.
37. *Outstanding Investor Digest*, May 5, 1995, p. 58.
38. Ibid., p. 50.
39. Ibid.
40. Berkshire Hathaway Annual Report, 1996, p. 15.

第 7 章

Epigraph: Andrew Kilpatrick, *Of Permanent Value: The Story of Warren Buffett* (Birmingham, AL: AKPE Publisher, 1998), p. 683.
1. *Outstanding Investor Digest,* August 10, 1995, p. 11.
2. Benjamin Graham, *The Intelligent Investor: A Book of Practical Counsel* (New York: Harper & Row, 1973), p. 106.
3. Ibid., p. 107.
4. Fuerbringer, "Why Both Bulls and Bears Can Act So Bird-Brained," *The New York Times,* March 30, 1997, section 3, p. 6.
5. *Outstanding Investor Digest,* May 5, 1995, p. 51.
6. Fuerbringer.
7. Brian O'Reilly, "Why Can't Johnny Invest?" *Fortune,* November 9, 1998, p. 73.
8. Jonathan Burton, "It Just Ain't Rational," *Fee Advisor,* September/October 1996, p. 26.
9. Fuerbringer.
10. D.G. Pruitt, "The Walter Mitty Effect in Individual and Good Risk Taking," *Proceedings of the 77th Annual Convention of the American Psychological Association 4* (1969), pp. 425–436.
11. J.W. Atkinson, R. Bastian, W. Earl, and G.H. Litwin, "The Achievement Motive and Goal Setting, and Probability Preference," *Journal of Abnormal and Social Psychology,* 60 (November 1960), pp. 27–36.

    J.W. Atkinson, and G.H. Litwin, "The Achievement Motive and Test Anxiety Conceived as a Motive to Avoid Failure," *Journal of Abnormal and Social Psychology,* 60 (November 1960), pp. 52–63.
12. L.W. Littig, "Effects of Skill and Chance Orientation on Probability Preferences," *Psychological Reports, 10* (1962), pp. 72–80.
13. Kilpatrick, p. 683.

第 8 章

Epigraph: Berkshire Hathaway Annual Report, 1992, p. 6.
1. Simon Reynolds, *Thoughts of Chairman Buffett: Thirty Years of Unc-onventional Wisdom from the Sage of Omaha* (New York: HarperCollins, 1998).
2. Michael Mauboussin, "Shift Happens: On a New Paradigm of the Markets as a Complex Adaptive System," *Frontiers of Finance,* October 24, 1997.
3. Dr. Roger White, "Chaos and Complexity" (Knowledge Products: Carmichael and Carmichael, Inc.), 1993.

4. Ibid.
5. Mitchel M. Waldrop, *Complexity: The Emerging Science at the Edge of Order and Chaos* (New York: Simon & Schuster, 1992), p. 335.
6. Ibid.
7. Ibid.
8. Ibid.
9. W.B. Arthur, S.N. Durlauf, and D. Lane, "Process and Emergence in the Economy," *The Economy as an Evolving Complex System II* (Reading, MA: Addison-Wesley), 1997, p. 1.
10. John Casti, "What If," *The New Scientist*, July 13, 1996, p. 36.
11. Andrew Barry, "Trigger-Happy," *Barron's*, December 8, 1997, p. 21.
12. John M. Keynes, *The General Theory of Employment, Interest and Money* (New York: A Harvest Book, 1964), p. 156.
13. Berkshire Hathaway Annual Report, 1987, p. 17.
14. Gordon Arnaut, "Marketing 'Flight Simulators' for Business," *The New York Times*, December 8, 1997, p. D4.
15. Casti, p. 38.
16. Ibid.
17. Interview with Michael Mauboussin, December 2, 1998.
18. Michael Mauboussin, "On the Shoulders of Giants," *Frontiers of Strategy*, Vol. 2, Crédit Suisse First Boston, November 16, 1998.
19. Interview with Michael Mauboussin.
20. Loren Fleckenstein, "Fund Manager Embraces Complexity," *Investor's Business Daily*, May 14, 1998.
21. Ibid.
22. Diane Banegas, "Mutual Fund Manager Bill Miller Sees Value in the Business Network," *SFI Bulletin*, Winter 1998.
23. Ibid.
24. Ibid.
25. Interview with Bill Miller, December 1, 1998.
26. Fleckenstein.
27. Fleckenstein, "Don't Dwell on Why the Market Moves," *Investor's Business Daily*, October 15, 1998.
28. Ibid.
29. George Johnson, *Fire in the Mind: Science, Faith, and the Search for Order* (New York: Vintage Books, 1995), p. 104.
30. Waldrop, p. 334.
31. Andrew Kilpatrick, *Of Permanent Value: The Story of Warren Buffett* (Birmingham, AL: AKPE Publisher, 1998), p. 794.
32. Berkshire Hathaway Annual Report, 1994, p. 1.
33. Ibid.

34. Ibid.
35. *Forbes*, Vol. 124, No. 3., August 6, 1979, pp. 25, 26.

第9章

Epigraph: Ted Williams, *The Science of Hitting* (New York: Simon & Schuster, 1986), p. 24.
1. Stephen Jay Gould, *Full House: The Spread of Excellence from Plato to Darwin* (New York: Crown, 1996), p. 116.
2. Peter Bernstein, "Where, Oh Where Are the .400 Hitters of Yesteryear?" *Financial Analysts Journal*, November/December 1998, p. 6.
3. Ibid., p. 11.
4. *Broadcasting* magazine, June 9, 1996. See Simon Reynolds, *Thoughts of Chairman Buffett: Thirty Years of Unconventional Wisdom from the Sage of Omaha* (New York: HarperCollins, 1998).
5. Berkshire Hathaway Annual Report, 1996. p. 16.
6. Berkshire Hathaway Annual Report, 1987, p. 14.
7. Berkshire Hathaway Annual Report, 1996, p. 16.
8. *Outstanding Investor Digest*, April 18, 1990, p. 17.
9. Ronald Surz, "R-Squareds and Alphas Are Far from Different Alphabets," *The Journal of Investing*, Summer 1998.
10. Berkshire Hathaway Annual Report, 1983, p. 14.
11. *Outstanding Investor Digest*, May 5, 1995, p. 51.
12. S.J. Simon, *Why You Lose at Bridge* (Louisville, KY: Devyn Press, Inc., 1994), p. 9.
13. *Outstanding Investor Digest*, August 8, 1996, p. 39.
14. *Outstanding Investor Digest*, May 5, 1995, p. 51.
15. Ibid.
16. *Outstanding Investor Digest*, March 13, 1998, p. 56.
17. *Outstanding Investor Digest*, August 8, 1997, p. 19.
18. Berkshire Hathaway Annual Report, 1997, p. 5.
19. Ibid.
20. A frequently quoted statement from Warren Buffett.
21. *Outstanding Investor Digest*, August 8, 1997, p. 15.
22. *Outstanding Investor Digest*, September 24, 1998, p. 40.
23. Thomas S. Kuhn, *The Structure of Scientific Revolutions* (Chicago: The University of Chicago Press, 1970), p. 77.
24. John Maynard Keynes, *The General Theory of Employment, Interest, and Money* (Orlando, FL: Harcourt Brace & Company, 1964).

25. Benjamin Graham and David Dodd, *Security Analysis* (New York: McGraw-Hill Book Company, 1951).
26. *Outstanding Investor Digest*, August 8, 1997, p. 14.
27. I am indebted to Bob Coleman and Larry Pidgeon for thoughts on this subject.
28. Ron Chernow, *The Death of the Banker: The Decline and Fall of the Great Financial Dynasties and the Triumph of the Small Investor* (New York: Vintage Books, 1997).
29. *Outstanding Investor Digest*, March 13, 1998, p. 63.
30. *Outstanding Investor Digest*, August 10, 1995, p. 21.
31. *Outstanding Investor Digest*, August 10, 1995, p. 21.

| 致 谢 |

我研究沃伦·巴菲特已经超过15年了，在此期间，我有机会观察这位历史上最伟大的投资家之一，也有机会与很多有才华的人交流、合作，他们以自己的方式使我成为一个更好的作家和投资者，也成为一个更好的人。

首先，我要感谢沃伦·巴菲特的教诲以及对我使用他受版权保护的材料的允许。本书不会修改巴菲特先生曾经说过的话，读者将有幸阅读巴菲特本人的话，而不是一个最佳的二手解释。

我还要感谢查理·芒格。在《巴菲特之道》一书中，我低估了芒格对伯克希尔以及全世界投资者教育的重要性，他以"格栅理论"获得世间智慧的方法注定会成为经典。

我们要特别感谢《杰出投资者文摘》。众所周知，《杰出投资者文摘》是一种与众不同的出版物，它为人们提供了一个机会，可以了解一些国内顶尖投资管理人的最佳观点。此外，《杰出投资者文摘》还收录了伯克希尔年会的内容，以及巴菲特与芒格的一次偶然演讲。在征得他们的同意之后，我在本书中引用了相关内容。来自《杰出投资者文摘》的内容用括号做了标注，这些会给读者提供一个以第一人称视角观察集中投资以及投资心理的机会。

我还要感谢《投资圣经：巴菲特的真实故事》⊖一书的作者安德鲁·基尔帕特里克。每当我需要对巴菲特或伯克希尔再次了解时，我就会翻阅安德鲁的书。根据我的判断，他是伯克希尔的权威历史学家。

还有一些人花了宝贵的时间来阅读本书并提出专业意见，我要感谢比尔·鲁安、卢·辛普森、菲利普·费雪、鲍勃·科尔曼、汤姆·鲁索和迈克尔·莫布森。

还有几位朋友对本书提出了专家级的意见，我从伯克希尔的阿吉特·贾殷和潘恩·韦伯公司的爱丽丝·施罗德那里获益良多，他们令我更好地了解了巨灾保险的承保业务。爱德华·索普博士和迈克尔·莱维坦博士则耐心地指导我有关统计概率的知识。

我很荣幸能与通用再保险公司副总裁琼·兰姆-坦南特博士合作，因为我们都在认真研究集中投资的概念。非常感谢帕特·舒克在电脑编程方面的帮助。

我要特别感谢比尔·米勒三世，他是美盛公司的总裁，美盛价值信托基金的基金经理，也是我多年的朋友和智囊顾问。你们很多人一定知道，他为我写作《巴菲特之道》提供了很多帮助。这次更加慷慨，他仔细阅读了每一页手稿，然后提出了

⊖ 本书已由机械工业出版社出版。

宝贵建议。特别令我兴奋的是，他现在不仅仅是我的朋友和老师，也是我的同事。

美盛公司的每一位同事都对集中资本（Focus Capital）部门张开怀抱，提供了无限的支持。感谢南希·丹宁、莉萨·拉普阿诺、大卫·尼尔森、厄尼·奇勒、凯尔·莱格、玛莉克斯·盖伊、杰伊·利奥波德、兰迪·贝弗莫、契普·科尔曼、迈克尔·雷、伯尔·伯克、达琳·奥林奇、科琳·拉特利夫、卡桑德拉·格林和詹尼弗·墨菲。

在美盛的集中资本部门，我要感谢特雷西·哈斯莱特在手稿准备方面的帮助，感谢凯茜·克拉纳特为我们公司的顺利运营而做出的努力。特别感谢我的研究助理艾丽卡·梅鲁齐，她的搜索和调查工作一直是一流水平的，她在公司的工作是无价的。

我与约翰·威利父子出版公司的关系一直很好，我要感谢我的出版商和朋友迈尔斯·汤姆逊对我的持续支持。还要感谢编辑助理詹妮弗·平科特、主编助理玛丽·丹尼洛和出版开发公司的南希·马库斯·兰德和马龙，感谢他们在编辑方面的专业知识。

我非常感谢塞巴斯蒂安文学社的劳丽·哈珀，她是一个完美的经纪人，聪明而忠诚，在工作的各个方面都表现出高度的正直。总之，她很特别。

我想对我共同的写作者，俄勒冈州波特兰的玛吉·斯塔基表示深深的感谢。这是我们合作的第三本书，我可以诚实地告诉你，在很多时候，如果没有她，我就会放弃。虽然我们在美洲大陆的两端工作，但玛吉有一种特殊的天赋，那就是她可以与我着手的工作建立紧密联系。甚至可以说，她能够进入我的大脑，在我行动之前就知道我想说什么，并帮助我表达得更好。玛吉是这行最棒的人，我非常幸运，因为她选择了与我分享她的天赋。

很多人都慷慨地花时间和精力阅读了本书，我要感谢他们对于本书每一点每一滴的贡献。如果有任何错误和遗漏，应该由我个人对此负责。

任何一个既为人父又为人夫的作家都明白，为了写书，一个家庭必须付出怎样的代价。一直以来，我都不能答应和儿子罗伯特和约翰一起玩，现在终于可以有一个热情的"YES"作为回复了。一直以来，我都不得不依靠女儿金姆在家中帮忙，现在她终于可以解脱了。我美丽的玛吉，她在履行双重职责时从不抱怨，对她我要说：我回来了，我爱你！

罗伯特·G.哈格斯特朗